Randi Rosenvinge Schirmer

Et år i Norge

Kurzgrammatik – Wortschatz

Randi Rosenvinge Schirmer

Et år i Norge

Norwegisch
für Deutschsprachige

Kurzgrammatik
Deutsch-norwegischer Wortschatz

HEMPEN VERLAG
BREMEN 2007

Bibliografische Information der Deutschen Nationalbibliothek
Die Deutsche Nationalbibliothek verzeichnet diese Publikation in der Deutschen Nationalbibliografie; detaillierte bibliografische Daten sind im Internet über ‹https://portal.dnb.de› abrufbar.

ISBN 978-3-934106-39-0

2., erweiterte Auflage 2007

 Umschlaggestaltung: Igel-Studios Detemple Design, Igel bei Trier. Druck und Bindung: Bogtryknu, Risskov. Printed in Denmark.

Inhaltsverzeichnis

Einleitung

Das vorliegende Heft ist als Zusatz zum Lehrbuch »Et år i Norge« gedacht und besteht aus einer Kompaktgrammatik und einem deutsch-norwegischen Wörterverzeichnis.

In der Kompaktgrammatik habe ich die grammatischen Themen, die im Lehrbuch nach pädagogischen Gesichtspunkten »verstreut« in den einzelnen Lektionen behandelt werden, systematisch zusammengefasst, und zwar hauptsächlich nach Wortklassen gegliedert (»Substantiv/Artikel«, »Adjektiv/Adverb« usw). Themenbereiche, die sich hierunter nicht einordnen lassen, finden Sie in eigenen Kapiteln wie »Wortstellung« oder »Rechtschreibregeln«.
Das Wörterverzeichnis dient dem schnellen Nachschlagen von Wörtern, die im Lehrbuch eingeführt worden sind. Ein wesentlicher Vorteil gegenüber gängigen Wörterbüchern besteht darin, dass die norwegischen Begriffe mit grammatischen Hinweisen versehen sind, also dem deutschen Leser die notwendigen Informationen zur korrekten Formenbildung liefern.
Für weiterführende Hinweise oder Vorschläge bin ich Ihnen stets dankbar. Richten Sie diese bitte an den Verlag.

Kirchzarten, Dezember 2004 Randi Rosenvinge Schirmer

Substantiv/Artikel

Der unbestimmte Artikel

hat im Norwegischen wie im Deutschen drei Formen: *en* (Maskulinum), *en/ei* (Femininum) und *et* (Neutrum).

Maskulinum	**en** kopp	eine Tasse
Femininum	**en/ei** flaske	eine Flasche
Neutrum	**et** glass	ein Glas

Alle femininen Substantive können grundsätzlich mit dem Artikel *en* oder *ei* verwendet werden.

Der unbestimmte Plural

Der Plural der Substantive wird gebildet, indem an den Singular die Endung *-er* angehängt wird. Endet das Substantiv bereits auf *-e*, wird lediglich ein *-r* hinzugefügt:

Singular	Plural	
en venn	venn**er**	Freunde
en potet	potet**er**	Kartoffeln
en/ei flaske	flaske**r**	Flaschen
en/ei krone	krone**r**	Kronen
et minutt	minutt**er**	Minuten
et frimerke	frimerke**r**	Briefmarken

Eine Ausnahme zu dieser Regel bilden **einsilbige Neutra.** Sie lauten in Einzahl und Mehrzahl gleich: *et brev – mange brev.*

Singular	Plural	
et brød	brød	Brote
et brev	brev	Briefe
et glass	glass	Gläser
et bord	bord	Tische

Dasselbe gilt für zusammengesetzte Substantive, die als letztes Glied ein einsilbiges Neutrum haben: *et rekesmørbrød – mange rekesmørbrød.* (s. S. 11)

Der bestimmte Artikel

ist im Gegensatz zum Deutschen kein eigenes Wort, sondern eine Endung. Dies gilt sowohl für den Singular wie für den Plural: *-en* (Maskulinum), *-en/-a* (Femininum), *-et* (Neutrum), *-ene* (Plural).

Alle Formen des Substantivs

	Unbest. Sing.	Best. Sing.	Unbest. Pl.	Best. Pl.
Mask.	en kopp eine Tasse	kopp**en** die Tasse	kopp**er** Tassen	kopp**ene** die Tassen
Fem.	en/ei flaske eine Flasche	flask**en** oder flask**a** die Flasche	flask**er** Flaschen	flask**ene** die Flaschen
Neutr.	et minutt eine Minute	minutt**et** die Minute	minutt**er** Minuten	minutt**ene** die Minuten
	et brev ein Brief	brev**et** der Brief	brev Briefe	brev**ene** die Briefe

Das auslautende *-t* im Neutrum Singular wird nicht gesprochen.

Unregelmäßige Substantive

1. Substantive auf *-el, -er*

-el					
Mask.	en sykkel	sykkelen	sykler	syklene	Fahrrad
Neutr.	et eksempel	eksempelet/ eksemplet	eksempel/ eksempler	eksemplene	Beispiel

-er					
Mask.	Personenbezeichn.:				
	en lærer	læreren	lærere	lærerne	Lehrer
	Andere:				
	en sommer	sommeren	somrer	somrene	Sommer
Neutr.	et teater	teateret/ teatret	teater/ teatre	teatrene	Theater

Die Feminina auf *-el, -er,* werden in der bestimmten Form Sing. wenn sie die Endung *-a* haben, meistens zusammengezogen: *ei seter* (Alm) – *setra – setrer - setrene*, aber: *dattera, søstera.*

2. Vokalveränderungen im Plural

a/å - e	en far	fedre	fedrene	Vater
	en mann	menn	mennene	Mann
	en/ei natt	netter	nettene	Nacht
	en/ei hand/hånd	hender	hendene	Hand
	en/ei strand	strender	strendene	Strand
	en/ei tann	tenner	tennene	Zahn
a - ø	en/ei datter	døtre	døtrene	Tochter
e - æ	et tre	trær	trærne	Baum
	et kne	knær	knærne	Knie
	et håndkle	håndklær	håndklærne	Handtuch
å - æ	en/ei tå	tær	tærne	Zeh
o- ø	en/ei bok	bøker	bøkene	Buch
	en bonde	bønder	bøndene	Bauer
	en bror	brødre	brødrene	Bruder
	en fot	føtter	føttene	Fuß
	en/ei mor	mødre	mødrene	Mutter
	en/ei rot	røtter	røttene	Wurzel
u - y	en/ei ku	kyr (kuer)	kyrne (kuene)	Kuh

3. Maskulina und Feminina ohne Endung in der unbestimmten Form Plural:

Maskulina: *feil* »Fehler«, *sko* »Schuh«, *kjeks* »Keks«, *tvil* »Zweifel«, *liter* »Liter«, *takk* »Dank«, *meter* »Meter«, *ting* »Ding«, *øre* »Öre«

Feminina: *mus* »Maus«, *mil* »norwegische Meile«, *lus* »Laus«, *ski* »Ski«

4. Mehrsilbige Neutra ohne Endung in der unbestimmten Form Plural:

Zusammengesetzte Neutra, deren letztes Glied ein einsilbiges Neutrum ist, haben grundsätzlich keine Endung in der unbest. Form Plur., z.B. *soverom* »Schlafzimmer«, *spisebord* »Esstisch«, *øyeblikk* »Augenblick«, *spørsmål* »Frage« ...

Einige mehrsilbige Neutra haben wahlweise *-er*/keine Endung: *ansikt/ansikter* »Gesicht«, *apparat/apparater* »Apparat«, *kontor/kontorer* »Büro« ...

5. Einsilbiges Neutrum mit -er in der unbest. Form Plural: ***et sted*** – steder »Ort«.

6. ***et øye*** - *øyet* - *øyne* - *øynene* »Auge«.

7. Die bestimmte Form Plural der Neutra kann statt *-ene* die Endung *-a* haben. In den beiden folgenden Fällen ist die *a*-Form die gebräuchliche Form:

barn**a**	die Kinder
bein**a**	die Beine

Verbalsubstantive

Ein substantivierter Infinitiv im Deutschen entspricht im Norwegischen oft einem Substantiv auf *-ing (kjøring, feiring, bygging ...).* Allerdings wird im Norwegischen oft ein Verb benutzt, wo man im Deutschen eine Substantivierung vorzieht.

Bilkjøring er anstrengende. Det er anstrengende å kjøre bil.	} Autofahren ist anstrengend.
Hun er lei av å kjøre bil.	Sie hat das Autofahren satt.

Zusammengesetzte Substantive

Wie im Deutschen gibt es im Norwegischen Zusammensetzungen mit und ohne Bindelaut:

Direkte Zusammensetzung:	*husdyr, stavkirke, bensinstasjon, motorvei ...*
Mit *-s-* als Bindekonsonant:	*fartskontroll, parkeringsplass, oppholdstillatelse, landskapsbilde ...*
Mit *-e-* als Bindevokal:	*havneby, barnehage, julebord, folkehøyskole ...*

Der Genitiv

wird durch Anfügung eines *-s* gebildet. (Oft benutzt man stattdessen eine Umschreibung mit Präposition, s. S. 52):

Pierres venninne	Pierres Freundin
trollenes land	das Land der Trolle
en forfatters bøker	die Bücher einer Schriftstellerin/eines Schriftstellers

Til + Genitiv

Es gibt einige feste Ausdrücke, in denen *til* den Genitiv regiert. Einige Beispiele:

(dra) til fjells	ins Gebirge (ziehen)
(gå) til fots	zu Fuß (gehen)
(gå) til sengs	zu Bett (gehen)
(gå) til køys	zu Bett (gehen)
(være) til salgs	zum Verkauf (sein)
(stige) til værs	in die Luft (steigen)
(gå) til sjøs	zur See fahren

Auslassung des Artikels

Sowohl der bestimmte als auch der unbestimmte Artikel werden in vielen Fällen ausgelassen, in denen man sie im Deutschen benutzt:

1. Bei vielen Ausdrücken, die eine **Einteilung** oder bestimmte **Reihenfolge** angeben. Oft in der Form:
   (Präposition) + Ordnungszahl/Superlativ + Substantiv

De bor i tredje etasje.	Sie wohnen im 2. Obergeschoss/3. Stock.
Hun er i høyeste grad klar over saken.	Sie ist sich ganz und gar über die Angelegenheit im Klaren.
Siste gang jeg så ham, var han syk.	Das letzte Mal, als ich ihn sah, war er krank.

2. **Bei Abkürzungen:**

USA er også medlem av NATO	Die USA sind auch Mitglied der NATO.

3. Bei vielen **Namen** – auch bei Monatsnamen und Wochentagen:

Tromsø museum	das Tromsöer Museum
Sveits	die Schweiz
Jeg er født i januar.	Ich bin im Januar geboren.
På mandag reiser jeg til Bonn.	Am Montag reise ich nach Bonn.

4. **Bei einigen lateinischen Fremdwörtern:**

Preteritum er vanlig i slike setninger.	Das Präteritum ist in solchen Sätzen üblich.
Publikum var begeistret.	Das Publikum war begeistert.

5. Bei vielen festen Ausdrücken bestehend aus **Verb + Substantiv.** Verb und Objekt gehören hier eng zusammen, z. B.:

skrive brev	Jeg holder på med å skrive brev.	Ich bin dabei, einen Brief zu schreiben.
bygge hus	De har nettopp bygd hus.	Sie haben gerade ein Haus gebaut.
ha bil	Har du bil?	Hast du ein Auto?
vente barn	Mari venter barn i november.	Mari erwartet im November ein Kind.
ha pass	Har du (norsk) pass?	Hast du einen (norw.) Pass?
lage mat	Jeg liker å lage mat.	Ich koche gern.
holde selskap	De holder selskap hver uke.	Sie geben jede Woche eine Party.
søke jobb	Jeg vil søke jobb i Oslo.	Ich will in Oslo einen Job suchen.

6. Bei vielen festen Ausdrücken, die aus **Verb + Präposition + Substantiv** bestehen, und bei anderen Präpositionalverbindungen, z. B.:

bo på hotell	I ferien bor vi alltid på hotell.	In den Ferien wohnen wir immer im Hotel.
reise med tog/båt/fly.	Reiser du med båt til Oslo?	Reist du mit dem Schiff nach Oslo?
arbeide på kontor	Tidligere arbeidet han på kontor.	Früher hat er in einem Büro gearbeitet.
gå på ski	Jeg elsker å gå på ski.	Ich laufe gern Ski.
være på vei	Vi er nå på vei til Bodø.	Wir sind jetzt auf dem Weg nach Bodø.
være i stand til	Jeg er ikke i stand til å gjøre det.	Ich bin nicht imstande, das zu tun.
være i tvil om	Er du i tvil om han snakker sant?	Hast du Zweifel, dass er die Wahrheit sagt?
få anledning til	Når får du anledning til å komme?	Wann hast du die Gelegenheit zu kommen?
ha kapasitet til	Ja, det har firmaet kapasitet til.	Ja, dazu hat die Firma die Kapazität.
på bakgrunn av	På bakgrunn av denne erfaringen ...	Vor dem Hintergrund dieser Erfahrung ...

Adjektiv/Adverb

Die unbestimmte Form des Adjektivs

Das Adjektiv steht vor unbestimmten maskulinen und femininen Substantiven in der Grundform. Im Neutrum erhält das Adjektiv ein *-t.* Im Plural lautet die Endung *-e.*

	Maskulinum	Femininum	Neutrum
Singular	en **god** venn ein guter Freund	en/ei **god** kake ein guter Kuchen	et **godt** eple ein guter Apfel
Plural	**gode** venner gute Freunde	**gode** kaker gute Kuchen	**gode** epler gute Äpfel

Unregelmäßige Formen

1. **Adjektive auf *-ig*** und die meisten Adjektive mit der Endung ***-sk*** (darunter alle Nationalitätenangaben) erhalten im Neutrum keine Endung.

et billig brød	ein billiges Brot
et skandinavisk språk	eine skandinavische Sprache

2. ***blå, grå*** und ***ny*** erhalten im Neutr. Sg. die Endung *-tt.* Im Plural haben *blå* und *grå* keine Endung, *ny* bekommt die Endung *-e.*

Sg.	et **blått** frimerke eine blaue Briefmarke	et **nytt** bord ein neuer Tisch
Pl.	**blå** frimerker blaue Briefmarken	**nye** bord neue Tische

3. **Adjektive auf *-el, -en, -er*** verlieren das erste *-e*, wenn eine *e*-Endung folgt.

Unbest. Sing.	Unbest. Pl.	
gammel	gamle	alt
sulten	sultne	hungrig
vakker	vakre	hübsch

4. **Adjektive auf *-t*** bekommen normalerweise kein weiteres *-t* im Neutr. Sg.

Mask.	en kort vei	ein kurzer Weg
Neutr.	et kort liv	ein kurzes Leben

Ausnahmen: *hvit - hvitt* (weiß) und *søt - søtt* (süß).

5. Das Adjektiv *liten* hat drei verschiedene Formen im Singular, im Plural hat es einen anderen Wortstamm.

	Unbest. Sing.		Unbest. Pl.	
Mask	en liten kopp	eine kleine Tasse	små kopper	kleine Tassen
Fem.	ei lita kake	ein kleiner Kuchen	små kaker	kleine Kuchen
Neutr.	et lite troll	ein kleiner Troll	små troll	kleine Trolle

Die bestimmte Form des Adjektivs

Der Adjektivartikel *den* (m./f. sing.), *det* (n. sing.), *de* (plur.) wird benötigt, wenn ein Adjektiv als Attribut zu einem Substantiv in der bestimmten Form steht. Man spricht hier von einer »doppelten Bestimmung«. Die Endung des Adjektivs in der bestimmten Form ist in der Regel *-e*:

	Best. Sing.		Best. Plur.	
M.	**den** stor**e** parken	der große Park	**de** stor**e** parkene	die großen Parks
F.	**den** blond**e** jenta	das blonde Mädchen	**de** blond**e** jentene	die blonden Mädchen
N.	**det** gaml**e** huset	das alte Haus	**de** gaml**e** husene	die alten Häuser

Unregelmäßige Formen

1. Adjektive, die in der unbestimmten Form Plural kein *-e* bekommen, erhalten auch keins in der bestimmten Form:

det blå huset	das blaue Haus	de blå husene	die blauen Häuser

2. Das Adjektiv *liten*

	Best. Sing.		Best. Plur.	
M.	den lille parken	der kleine Park	de små parkene	die kleinen Parks
F.	den lille jenta	das kleine Mädchen	de små jentene	die kleinen Mädchen
N.	det lille huset	das kleine Haus	de små husene	die kleinen Häuser

3. Das Adjektiv *annen* »anderer, andere, anderes ...« ist auch in der unbestimmten Form regelmäßig:

	unbestimmt	bestimmt
Maskulinum	en annen	den andre
Femininum	en annen	den andre
Neutrum	et annet	det andre
Plural	andre	de andre

Kirsti har en annen timeplan enn Øivind.	Kirsti hat einen anderen Stundenplan als Øivind.
Vi har kjøpt et annet hus.	Wir haben ein anderes Haus gekauft.
Den ene katten er Kirstis, den andre er Øivinds.	Die eine Katze gehört Kirsti, die andere Øivind.
Noen liker rømmegrøt, andre ikke.	Einige mögen Sauerrahmbrei, andere nicht.

Beachten Sie, dass *andre* auch »zweite(r)« heißen kann:

Det andre barnet hadde også rødt hår.	Das andere/zweite Kind hatte auch rote Haare.

Unflektierbare Adjektive

sind in der unbestimmten und bestimmten Form im Singular und Plural gleich.

1. **Adjektive**, die **auf unbetontes *-e*** enden:

et spennende liv	ein spannendes Leben
en siste gang	ein letztes Mal

2. das **Adjektiv** *bra* und einige andere, die **auf einen betonten Vokal** enden:

et bra drama	ein gutes Drama
den sjalu mannen	der eifersüchtige Mann

3. **Adjektive auf *-s:***

Ølet er gratis.	Das Bier ist umsonst.
den stakkars mannen	der arme Mann

Auslassung des Adjektivartikels

1. **Bei den Ordnungszahlen** sowie bei den Adjektiven ***siste*** »letzte«, ***forrige*** »vorige«, ***neste*** »nächste«, ***samme*** »-selbe«, ***høyre*** »rechts«, ***venstre*** »links« fehlt oft der Adjektivartikel, häufig auch der bestimmte Artikel des Substantivs:

første gang/første gangen/den første gangen	das erste Mal
neste gang/neste gangen/den neste gangen	das nächste Mal
tredje dag/tredje dagen/den tredje dagen	der dritte Tag
siste time/siste timen/den siste timen	die letzte Stunde
samme bil/samme bilen/den samme bilen	dasselbe Auto
forrige århundre/forrige århundret/det forrige århundret	das vorige Jahrhundert

2. **Beim Adjektiv *hel*** wird der Adjektivartikel normalerweise weggelassen:

hele dagen	den ganzen Tag
hele brødet	das ganze Brot

Gebrauch der Adjektivformen

1. **Das Adjektiv in prädikativer Stellung** richtet sich, anders als im Deutschen, in Geschlecht und Zahl nach dem Subjekt.

Mask./Fem.	Den er **dyr**.	Er/Sie ist teuer
Neutrum	Det er **dyrt**.	Es ist teuer.
Plural	De er **dyre**.	Sie sind teuer.

2. **Nach einem Substantiv im Genitiv** verwendet man die bestimmte Form des Adjektivs:

Ragnhilds effektive undervisning	Ragnhilds effektiver Unterricht
verdens beste eplekake	der beste Apfelkuchen der Welt

3. **Nach einem Possessivpronomen** verwendet man die bestimmte Form des Adjektivs:

min tyske venn/den tyske vennen min	mein deutscher Freund
hans nye bord/det nye bordet hans	sein neuer Tisch

4. **Das Adjektiv *egen*** *(eget/egne)*

ist dem Possessivpronomen immer nachgestellt und steht in der unbestimmten Form:

Alle har sine egne bøker med på skolen.	Alle nehmen ihre eigenen Bücher mit in die Schule.
Rommet til høyre er hennes eget rom.	Das Zimmer rechts ist ihr eigenes Zimmer.

Adjektiv zur Bezeichnung der Nationalitätszugehörigkeit

Um die Nationalitätszugehörigkeit anzugeben, wird im Norwegischen häufig ein Adjektiv statt eines Substantivs benutzt:

Han er tysk.	Er ist Deutscher.
Hun er sveitsisk.	Sie ist Schweizerin.

Steigerung des Adjektivs/Adverbs

Wie im Deutschen werden die Komparativ- und Superlativformen der meisten Adjektive durch Anhängung einer Endung an die Grundform gebildet. Die normalen Endungen sind *-ere* im Komparativ und *-est* im Superlativ. Die Komparativform ist unflektierbar, die Superlativform kann bestimmt oder unbestimmt sein.

Positiv	Komparativ	Superlativ	
dyr	dyr**ere**	dyr**est**/den dyr**este**	teuer
høy	høy**ere**	høy**est**/den høy**este**	hoch

1. Adjektive auf *-(l)ig* und *-som* haben die Endung *-st* im Superlativ:

billig	billig**ere**	billig**st**	billig
morsom	morsomm**ere**	morsom**st**	lustig

Im Superlativ wird das *-g* in der Endung *-igst* gesprochen.

2. Bei Adjektiven auf *-el,- en, -er* fällt vor der Endung das *-e* im Stamm aus:

sulten	sultn**ere**	sultn**est**	hungrig
vakker	vakr**ere**	vakr**est**	hübsch

Die Steigerung von Adverbien erfolgt grundsätzlich wie bei Adjektiven: *høyt - høyere - høyest.*

Unregelmäßige Steigerung von Adjektiven und Adverbien

ung	yngre	yngst	jung
gammel	eldre	eldst	alt
liten	mindre	minst	klein
stor	større	størst	groß
god/bra	bedre	best	gut
dårlig	verre/dårligere	verst/dårligst	schlecht
vond	verre/vondere	verst/vondest	schlecht, schmerzhaft
ille	verre	verst	schlimm
mange	flere	flest	viele
få	færre	færrest	wenige
mye	mer	mest	viel
lite	mindre	minst	wenig
litt	mindre	minst	ein bisschen
tung	tyngre	tyngst	schwer
lang	lengre	lengst	lang

nær	nærmere	nærmest	nahe
gjerne	heller	helst	gern
lenge	lenger	lengst	lange
langt	lenger	lengst	weit

Einige Adjektive und Adverbien haben keine eigene Komparativ- und Superlativform. Stattdessen werden sie mit Hilfe von *mer* und *mest* gesteigert:

1. Partizipien, die als Adjektive/Adverbien eingesetzt werden:

elsket	mer elsket	mest elsket	geliebt
spennende	mer spennende	mest spennende	spannend

2. Adjektive/Adverbien auf -et(e), -ed, -s:

steinet(e)	mer steinet(e)	mest steinet(e)	steinig
fremmed	mer fremmed	mest fremmed	fremd
avsides	mer avsides	mest avsides	abseits

3. Mehrsilbige auf -sk:

praktisk	mer praktisk	mest praktisk	praktisch
fantastisk	mer fantastisk	mest fantastisk	fantastisch

4. Viele andere mehrsilbige Adjektive/Adverbien, z. B.:

moderne	mer moderne	mest moderne	modern
interessant	mer interessant	mest interessant	interessant
populær	mer populær	mest populær	beliebt
severdig	mer severdig	mest severdig	sehenswürdig

Verstärkende Adverbien

Positiv:

Denne øvelsen er **svært/veldig** vanskelig.	Diese Übung ist sehr schwierig.

Komparativ:

Denne øvelsen er **mye** vanskeligere.	Diese Übung ist viel schwieriger.
Denne øvelsen er **enda** vanskeligere.	Diese Übung ist noch schwieriger.

Superlativ:

Denne øvelsen er den **aller** vanskeligste.	Diese Übung ist die allerschwierigste.
Denne øvelsen er **aller** vanskeligst.	Diese Übung ist am allerschwierigsten.

Vergleichspartikel

Positiv:

Denne boka er **så** dyr **som** den andre./ Denne boka er **like (så)** dyr **som** den andre.	Dieses Buch ist (genau) so teuer wie das andere.

Komparativ:

Denne boka er dyrere **enn** den andre.	Dieses Buch ist teurer als das andere.

Es heißt:	*Jeg er penere enn deg.*	Ich bin schöner als du.
Oder:	*Jeg er penere enn du er.*	

Gebrauch der Steigerungsformen

1. Superlativ im Norwegischen - Komparativ im Deutschen:

Im Norwegischen benutzt man den Superlativ auch beim Vergleich von zwei Dingen, Personen u.ä.

Vi har to katter.	Wir haben zwei Katzen.
Felix er den eldste av dem.	Felix ist die ältere der beiden.

Der Komparativ steht jedoch immer vor *enn: Felix er eldre enn Max.*

2. Absoluter Komparativ:

Es liegt kein Vergleich vor:

En eldre mann kjørte bilen.	Ein älterer Mann fuhr das Auto.

3. Absoluter Superlativ:

Es wird ein sehr hoher Grad ausgedrückt:

Vi hadde det beste været man kan tenke seg.	Wir hatten das beste Wetter, das man sich vorstellen kann.

Die Neutrumsform des Adjektivs als Adverb

Adverbien sind immer unflektierbar. Die Neutrumsform des Adjektivs kann als Adverb verwendet werden.

en høy stemme	eine laute Stimme	Han synger høyt.	Er singt laut.
en lang reise	eine lange Reise	Hun reiser langt.	Sie reist weit.
ei fantastisk bok	ein fantastisches Buch	Han skriver fantastisk.	Er schreibt fantastisch.

Ortsadverbien

Bei den Ortsadverbien gibt es einige Doppelformen, von denen die eine mit einem Bewegungsverb verbunden ist, die andere mit einem Verb, das eine Ruhelage ausdrückt.

Bewegung		Ruhelage	
hit	hierher	her	hier
dit	dahin	der	dort
inn	hinein	inne	drinnen
ut	hinaus	ute	draußen
opp	hinauf	oppe	oben
ned	hinunter	nede	unten
hjem	nach Hause	hjemme	zu Hause
bort	fort	borte	fort

Steigerung einiger Ortsadverbien/-adjektive

Positiv	Komparativ	Superlativ	
bak	bakre	bakerst	hinten
borte	bortre	bortest	fort, drüben
fremme/foran	fremre	fremst/forrest	vorne
inne	indre	innerst	innen
midt	midtre	midterst	mitten
nede	nedre	nederst	unten
over (oppe)	øvre	øverst	oben
ute	ytre	ytterst	außen

Die Superlativform und manchmal auch die Komparativform dieser Adverbien werden als Adjektive benutzt.

Han satt bak/bakerst i bussen.	Er saß hinten/ganz hinten im Bus.
På den bakerste plassen satt jeg.	Auf dem hintersten Platz saß ich.
Vi satt helt fremme/fremst i teateret.	Wir saßen ganz vorne im Theater.
Vi hadde de fremste plassene.	Wir hatten die vordersten Plätze.
Den øvre delen av huset var malt gul.	Der obere Teil des Hauses war gelb angestrichen.

Pronomen

Personalpronomen

Alle Formen des Personalpronomens

Singular	Subjektformen		Objektformen		Reflexivpron.	
1. Pers.	jeg	ich	meg	mir, mich	meg	mich
2. Pers.	du	du	deg	dir, dich	deg	dich
3. Pers.	han	er	ham/han	ihm, ihn	seg	sich
	hun	sie	henne	ihr, sie	seg	sich
	den	er, sie	den	ihm, ihn, ihr, sie	seg	sich
	det	es	det	es, ihm	seg	sich
Plural						
1. Pers.	vi	wir	oss	uns	oss	uns
2. Pers.	dere	ihr	dere	euch	dere	euch
3. Pers.	de	sie	dem	ihnen, sie	seg	sich
Höflichkeitsf.	De	Sie	Dem	Ihnen, Sie	Dem	sich

In Norwegen ist es sehr verbreitet sich zu duzen. Die Höflichkeitsform *De* »Sie« kommt selten vor.

Gebrauch des Personalpronomens der 3. Person

Die Pronomen *han/ham* und *hun/henne* werden nur für Personen gebraucht. Für Gegenstände und auch für Tiere benutzt man die Formen *den* (Mask./Fem. Sg.) und *det* (Neutr. Sg.). Im Plural gibt es nur die Form *de*.

M.	Jeg har en venn. **Han** heter Pål. Ich habe einen Freund. Er heißt Pål.	Jeg ser en vei. **Den** er lang. Ich sehe einen Weg. Er ist lang.
F.	Jeg bor hos ei fransk jente. **Hun** er hyggelig. Ich wohne bei einem französischen Mädchen. Sie ist nett.	Jeg har ei blå bukse. **Den** er fin. Ich habe eine blaue Hose. Sie ist schön.
N.		Jeg har et glass. **Det** er fint. Ich habe ein Glas. Es ist schön.
Pl.	Jeg ser to studenter. **De** er tørste. Ich sehe zwei Studenten. Sie haben Durst.	Jeg har to epler. **De** er røde. Ich habe zwei Äpfel. Sie sind rot.

Possessivpronomen

Die Formen des (nicht-reflexiven) Possessivpronomens

Zugehöriges Subst.:	Mask.	Femininum	Neutrum	Plural	
Singular:					
1. Person	min	mi	mitt	mine	mein
2. Person	din	di	ditt	dine	dein
3. Person	hans	hans	hans	hans	sein
	hennes	hennes	hennes	hennes	ihr
	dens, dets	dens, dets	dens, dets	dens, dets	sein/ihr
Plural:					
1. Person	vår	vår	vårt	våre	unser
2. Person	deres	deres	deres	deres	euer
3. Person	deres	deres	deres	deres	ihr
Höflichkeitsf.	Deres	Deres	Deres	Deres	Ihr

Das Possessivpronomen richtet sich in der 1. und 2. Person Singular und in der 1. Person Plural in Geschlecht und Zahl nach dem dazugehörigen Substantiv.

vennen min	mein Freund	vennen vår	unser Freund
klokka mi	meine Uhr	klokka vår	unsere Uhr
huset mitt	mein Haus	huset vårt	unser Haus
husene mine	meine Häuser	husene våre	unsere Häuser

Gebrauch des Possessivpronomens der 3. Person Singular

Hans benutzt man, wenn die besitzende Person männlich ist: *Pierres bok - boka hans. Hennes* benutzt man, wenn die besitzende Person weiblich ist: *Annas bok - boka hennes.*

vennen hans	sein Freund	vennen hennes	ihr Freund
klokka hans	seine Uhr	klokka hennes	ihre Uhr
huset hans	sein Haus	huset hennes	ihr Haus
husene hans	seine Häuser	husene hennes	ihre Häuser

Stellung des Possessivpronomens

Normalerweise ist das Pronomen dem Substantiv nachgestellt. Das Substantiv steht in der bestimmten Form.

Vennen min snakker med kona di.	Mein Freund spricht mit deiner Frau.

Das Pronomen kann wie im Deutschen vorangestellt sein, und ist es oft, wenn man es betonen will. Bei Voranstellung des Pronomens steht das Substantiv in der unbestimmten Form.

Din venn bor i vårt hus.	Dein Freund wohnt in unserem Haus.
Dette er mitt problem, ikke ditt.	Das ist mein Problem, nicht deins.

Die Formen des reflexiven Possessivpronomens

Mask.	(vennen) sin	sein/ihr (Freund)
Fem.	(klokka) si	seine/ihre (Uhr)
Neutr.	(huset) sitt	sein/ihr (Haus)
Plural	(husene) sine	seine/ihre (Häuser)

In der 3. Person unterscheidet man im Gegensatz zum Deutschen zwischen reflexiven und nicht-reflexiven Formen des Possessivpronomens. Die reflexiven Formen (*sin, si, sitt, sine*) beziehen sich auf das Subjekt desselben Satzes. In den übrigen Fällen werden die nicht-reflexiven Formen (*hans, hennes, dens, dets, deres*) benutzt.
Das Geschlecht des Bezugsworts (der Besitzerin/des Besitzers) spielt hier – anders als bei den nicht-reflexiven Possessivpronomen der 3. Pers. – keine Rolle.

Gebrauch des reflexiven Possessivpronomens

Die reflexiven Formen werden benutzt, wenn die Besitzerin/der Besitzer identisch ist mit dem Subjekt des Satzes.

Hun mater katten sin.	Sie füttert ihre (eigene) Katze.
Han mater katten sin.	Er füttert seine (eigene) Katze.
De mater kattene sine.	Sie füttern ihre (eigenen) Katzen.
Hun mater katten hennes.	Sie füttert ihre Katze (die einer anderen).
Han mater katten hans.	Er füttert seine Katze (die eines anderen).
De mater kattene deres.	Sie füttern ihre Katzen (die von anderen).
Anna sier at hun vil besøke foreldrene sine.	Anna sagt, dass sie ihre (eigenen) Eltern besuchen will.
Anna sier at hun vil besøke foreldrene hennes.	Anna sagt, dass sie ihre Eltern (die einer anderen Frau) besuchen will.

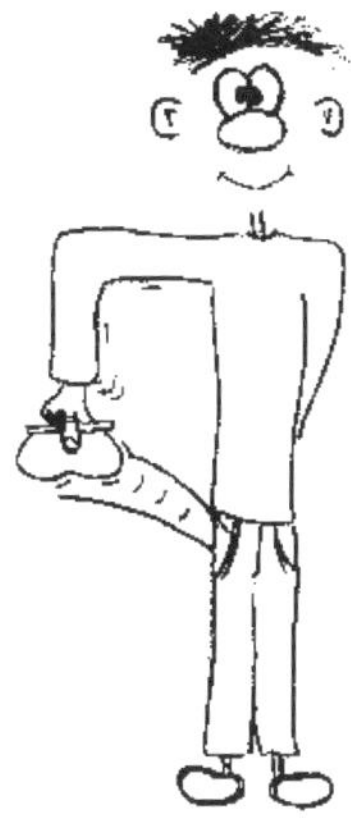

Han tar lommeboka **si**.

Han tar lommeboka **hans**.

Sin/si/sitt/sine kann nie im Subjekt stehen:

Katten hennes liker ikke maten.	Ihre Katze mag das Essen nicht.
Kanarifuglen hans er død.	Sein Kanarienvogel ist tot.

Demonstrativpronomen

Die Demonstrativpronomen *denne* »dieser« und ***den*** »der, derjenige, jener«

Mask.	**denne** sommeren	dieser Sommer
Fem.	**denne** flaska	diese Flasche
Neutr.	**dette** kurset	dieser Kurs
Plural	**disse** somrene/flaskene/kursene	diese Sommer/Flaschen/Kurse

Maskulinum	**den** parken	der/jener Park
Femininum	**den** jenta	das/jenes Mädchen
Neutrum	**det** huset	das/jenes Haus
Plural	**de** parkene/jentene/husene	die Parks/Mädchen/Häuser

Nach *denne* und *den* steht das Substantiv in der bestimmten Form.

1. Wenn man ein Substantiv besonders hervorheben will, benutzt man – zusätzlich zum bestimmten Artikel – das Demonstrativpronomen *den/det/de*, das formal mit dem Adjektivartikel übereinstimmt.

2. Das Demonstrativum *den/det/de* benutzt man, um etwas weiter Entferntes zu bezeichnen (oft verbunden mit dem Adverb *der* »dort«) im Gegensatz

zum Demonstrativum *denne/dette/disse* (ggf. verbunden mit *her* »hier«), das etwas näher Liegendes bezeichnet:

Ikke den boka der, men denne her.	Nicht jenes Buch, sondern dieses.

3. Auch vor einem Relativpronomen benutzt man häufig das Demonstrativpronomen:

Der går den kvinnen som spiller hovedrollen i *Vildanden*.	Dort geht die Frau, die die Hauptrolle in der *Wildente* spielt.

Das Demonstrativpronomen *slik/sånn*

Maskulinum	slik/sånn	solch(er)
Femininum	slik/sånn	solch(e)
Neutrum	slikt/sånt	solch(es)
Plural	slike/sånne	solch(e)

En slik/sånn skole er ikke noe for mine barn.	Eine solche Schule ist nichts für meine Kinder.
Hvorfor måtte du skrive et slikt/sånt brev?	Warum musstest du einen solchen Brief schreiben?
Slike/sånne bilder liker verken kona mi eller jeg.	Solche Bilder mögen weder meine Frau noch ich.

Auch wenn *slik/sånn* vor dem unbestimmten Artikel steht, wird es flektiert:

Slikt/sånt et vær!	Was für ein Wetter!

Relativpronomen

Das Relativpronomen hat nur eine Form: ***som***

Jeg har lest ei bok som er interessant.	Ich habe ein Buch gelesen, das interessant ist.
Jakken som han har på seg, er dyr.	Die Jacke, die er anhat, ist teuer.

Beachten Sie die Wortstellung, wenn das Relativpronomen mit einer Präposition verbunden ist:

Mennene som hun snakker med, er fra Sveits.	Die Männer, mit denen sie spricht, sind aus der Schweiz.

Wenn das Relativpronomen nicht Subjekt des Satzes ist, kann es weggelassen werden:

Mennene hun snakker med, er fra Sveits.

Indefinitpronomen

Das unbestimmte Pronomen *all* »all, ganz«

all (all, aller, alles, alle ...)		
	Maskulinum	all
	Femininum	all
	Neutrum	alt
	Plural	alle

All wird nur adjektivisch verwendet, *alt* und *alle* sowohl substantivisch wie adjektivisch:

Hun drakk all kaffen.	Sie trank den ganzen Kaffee.
Alt kjøttet var i kjøleskapet.	Das ganze Fleisch war im Kühlschrank.
Han vet alt.	Er weiß alles.
Alle kakene var søte.	Alle Kuchen waren süß.
Jeg kjente ikke alle som var der.	Ich kannte nicht alle, die da waren.

Bei Kollektiva und Stoffnamen wird das norwegische *all/alt* normalerweise mit dt. »ganz« übersetzt. In anderen Fällen entspricht dt. »ganz« norw. *hel.*
Achten Sie auf den Unterschied:

hele brødet	das ganze Brot (ungeteilt!)
alt brødet	alles an Brot

Normalerweise steht das Substantiv nach *all/alt/alle* in der bestimmten Form. Die unbestimmte Form wird jedoch verwendet, wenn man verallgemeinert:

Alle tyskerne ville lære mer grammatikk.	Alle Deutschen (die z. B. im Kurs waren) wollten mehr Grammatik lernen.
Alle tyskere snakker tysk.	Alle Deutschen sprechen Deutsch.

Das unbestimmte Pronomen *hver* »jeder«

hver (jeder, jede, jedes ...)		
	Maskulinum	hver
	Femininum	hver
	Neutrum	hvert

Das Substantiv nach *hver* steht immer in der unbestimmten Form Sg.:

Jeg drikker kaffe hver dag.	Ich trinke jeden Tag Kaffee.
Hvert barn må ta med mat.	Jedes Kind muss Essen mitbringen.

Hver steht auch allein, aber dann normalerweise nicht am Satzanfang:

De har med et eple hver.	Jeder hat einen Apfel mit.

In Verbindung mit einem Possessivpronomen:

Barna har med hvert sitt eple.	Jedes Kind hat einen Apfel mit.

Das unbestimmte Pronomen *begge* »beide«:

begge (beide)	begge	beide
	begge to	alle beide
	begge deler	beides

Begge (guttene) besøker besteforeldrene.	Beide (Jungen) besuchen die Großeltern.
Begge to liker epler.	Alle beide mögen Äpfel.
Kirsti liker epler, men ikke bananer.	Kirsti mag Äpfel, aber nicht Bananen.
Øivind liker begge deler.	Øivind mag beides.

Wenn *begge* mit einem Substantiv verbunden ist, steht dieses normalerweise in der bestimmten Form: *begge kvinnene* (beide Frauen).

Das unbestimmte Pronomen *noe(n)*:

Maskulinum	noen	(irgend)jemand, (irgend)ein
Femininum	noen	(irgend)jemand, (irgend)eine
Neutrum	noe	(irgend)etwas, (irgend)ein
Plural	noen	einige, (irgend)welche, manche

Det kommer noen.	Es kommt jemand.
Finnes det noen radio her i huset?	Gibt es ein Radio hier im Haus?
Det er noe helt annet.	Das ist etwas ganz anderes.
Er det noe smør i kjøleskapet?	Gibt es etwas Butter im Kühlschrank?
Noen barn liker ikke å se på TV.	Manche Kinder sehen nicht gerne fern.

Die unbestimmten Pronomen *ikke noe(n), ingen, ingenting*

Maskulinum	ikke noen, ingen	niemand, kein
Femininum	ikke noen, ingen	niemand, keine
Neutrum	ikke noe	nichts, kein
	ingenting	nichts
Plural	ikke noen, ingen	keine

1. *Ikke noe(n)* und *ingen* kann man substantivisch und adjektivisch benutzen. *Ingenting* wird nur substantivisch benutzt:

Ingenting/Ikke noe er som før.	Nichts ist wie früher.
Han har ikke noen/ingen barnebarn.	Er hat keine Enkelkinder.

2. *Ingen* und *ingenting* kann man nur benutzen als:

a. Subjekt des Satzes :

Ingen spiser fisk.	Niemand isst Fisch.
Ingen barn liker å gjøre lekser.	Kein Kind macht gern Hausaufgaben.
Hun sier at ingenting er som før.	Sie sagt, dass nichts wie früher ist.

b. Objekt in einem Hauptsatz mit einfachem Verb:

Jeg glemmer ingen.	Ich vergesse niemanden.
Jeg glemmer ingen venner.	Ich vergesse keine Freunde.
Det gjør ingenting.	Das macht nichts.

3. Als Objekt in einem Hauptsatz mit zusammengesetztem Verb und als Objekt in einem Nebensatz muss man *ikke noe(n)* benutzen:

Jeg skal ikke glemme noen.	Ich werde niemanden vergessen.
Jeg har ikke sett noen barn her.	Ich habe hier keine Kinder gesehen.
Hun sier at hun ikke glemte noe.	Sie sagt, dass sie nichts vergessen hat.

Fragepronomen

Das Fragepronomen *hvilken* »welcher«

Mask.	hvilken kopp	welche Tasse
Fem.	hvilken kake	welcher Kuchen
Neutr.	hvilket skjerf	welcher Schal
Plural	hvilke kopper/kaker/skjerf	welche Tassen/Kuchen/Schals

Nach *hvilken* steht das Substantiv in der unbestimmten Form.

Die Fragepronomen *hvem som, hva som, hvilken som*

In Nebensätzen, in welchen *hvem, hva* oder *hvilken* Subjekt ist, muss das Relativpronomen *som* eingefügt werden:

De visste ikke **hvem som** hadde gjort det.	Sie wussten nicht, wer es getan hatte.
Vet du **hva som** er best?	Weißt du, was am besten ist?
Jeg vet ikke **hvilken** bil **som** er best.	Ich weiß nicht, welches Auto das beste ist.

Zahlwörter

Die Grundzahlen

0	null	7	sju	14	fjorten
1	en, ett*	8	åtte	15	femten
2	to	9	ni	16	seksten [sæistn]
3	tre	10	ti	17	sytten [søtn]
4	fire	11	elleve	18	atten
5	fem	12	tol*v* [o]	19	nitten
6	seks	13	tretten	20	tjue

21	tjueen	30	tretti
22	tjueto	40	førti
23	tjuetre	50	femti
24	tjuefire	60	seksti
25	tjuefem	70	sytti [søtti]
26	tjueseks	80	åtti
27	tjuesju	90	nitti
28	tjueåtte		
29	tjueni		

100	(ett) hundre
200	tohundre
305	trehundreogfem
756	sjuhundreogfemtiseks
1000	(ett) tusen
2498	totusenfirehundreognittiåtte
1000 000	en million

* *ett* steht vor neutralen Substantiven.
Zwischen Hundertern und Zehnern steht *og*.

Die folgenden drei Zahlen haben auch eine zweite, ältere Form:

7	*sju* oder *syv*
20	*tjue* oder *tyve*
30	*tretti* oder *tredve*

Die ältere »deutsche« Zählweise ist immer noch in Gebrauch:

51	*en og femti* statt *femtien*

Die Ordnungszahlen

1. den første	11. den ellevte
2. den andre	12. den tolvte
3. den tredje	13. den trettende
4. den fjerde	14. den fjortende
5. den femte	15. den femtende
6. den sjette	16. den sekstende
7. den sjuende (syvende)	17. den syttende
8. den åttende	18. den attende
9. den niende	19. den nittende
10. den tiende	20. den tjuende (tyvende)
21. den tjueførste (en og tyvende)	
30. den trettiende (tredevte)	
42. den førtiandre (to og førtiende)	
99. den nittiniende (ni og nittiende)	

Das *-d* in der Endung *-ende* ist stumm.

Zeitangaben

Uhrzeit

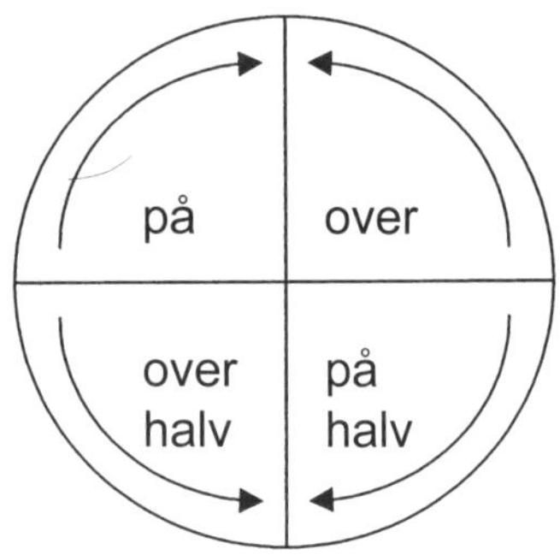

Hva er klokka?
Hvor mange/mye er klokka? (Wie viel Uhr ist es?)

12.00	Klokka er	tolv
12.10		ti over tolv
12.15		kvart over tolv
12.20		ti på halv ett
12.30		halv ett
12.35		fem over halv ett
12.45		kvart på ett
12.55		fem på ett
13.00		ett

Jahreszahl

1998 liest man: nittennittiåtte
2003 liest man: totusenogtre
im Jahr 1998 heißt: **i** nittennittiåtte

Datum

den 13.06.1998 liest man: *den trettende* ***i*** *sjette nittennittiåtte.*
den 28.12.2002 liest man: *den tjueåttende* ***i*** *tolvte totusenogto.*

Verb

Bildung des Infinitivs und Präsens

Die meisten Verben enden im Infinitiv auf unbetontes *-e*. Einige, darunter alle einsilbigen Verben (z. B. *ha* »haben«), enden im Infinitiv auf betonten Vokal. Die Inifinitivpartikel *å* entspricht dem deutschen *zu : å sitte = zu sitzen*. Die Präsensendung lautet für alle Personen gleich: *-(e)r*.

Infinitiv		Präsens	
sitte	sitzen	sitter	sitze, sitzt ...
hete	heißen	heter	heiße, heißt ...
komme	kommen	kommer	komme, kommst ...
ha	haben	har	habe, hast ...

Die Modalverben bilden eine eigene Gruppe. Sie ziehen den Infinitiv nach sich (*Jeg kan* **snakke** *norsk, jeg vil* **arbeide** *i Norge*) und enden im Präsens nicht auf *-r*. Auch für sie gilt: Alle Personen haben die gleiche Endung:

Infinitiv		Präsens	
ville	wollen	vil	will, willst ...
kunne	können	kan	kann, kannst ...

Bildung des Imperativs

Die Befehlsform des Verbs entspricht dem Verbstamm, d. h. dem Infinitiv ohne *-e*, und lautet im Singular und Plural gleich.

Infinitiv	Imperativ	
kjøpe	kjøp!	Kaufe! Kauft! Kaufen Sie!
snakke	snakk!	Sprich! Sprecht! Sprechen Sie!
sitte	sitt!	Setz dich! Setzt euch! Setzen Sie sich!
ta	ta!	Nimm! Nehmt! Nehmen Sie!

Bildung des Präteritums der regelmäßigen Verben

Das Präteritum bildet man durch Endungen, die dem Verbstamm angehängt werden.

Gruppe 1: Endung *-et*

Infinitiv	Präsens	Präteritum	
snakke	snakker	snakk**et**	sprach
arbeide	arbeider	arbeid**et**	arbeitete
elske	elsker	elsk**et**	liebte

Die Verben dieser Gruppe können auch die Endung *-a* statt *-et* haben: *snakk**a**, arbeid**a** ...*

Zu dieser Gruppe gehören u.a.: *krangle, våkne, tulle, hygge seg, vente, koste ...* Häufig haben die Verben dieser Gruppe einen Stamm, der auf zwei Konsonanten ausgeht. Verben auf Doppelkonsonanz gehören entweder zu Gruppe 1 oder 2.

Gruppe 2: Endung *-te*

Infinitiv	Präsens	Präteritum	
lære	lærer	lær**te**	lernte
tenke	tenker	tenk**te**	dachte
begynne	begynner	begyn**te**	begann

In die Gruppe 2 gehören u.a.: *lese, studere, spise, like, kjøpe, låne, mene, vise, ringe, sende, spille, bestemme ...*
Zu dieser Gruppe gehören die meisten Verben, deren Stamm auf einen einfachen Konsonanten ausgeht, sowie viele Verben auf Doppelkonsonanz (vgl. Gruppe 1).

Gruppe 3: Endung *-de*

Infinitv	Präsens	Präteritum	
prøve	prøver	prøv**de**	versuchte
klage	klager	klag**de**	klagte
veie	veier	vei**de**	wog

Zu dieser relativ kleinen Gruppe gehören Verben, deren Stamm auf *-v*, *-g* oder auf Diphthong ausgeht. Verben auf *-g* können auch die Endung *-et* oder *-a* haben, also: *klag**et**/klag**a**.*

Gruppe 4: Endung *-dde*

Infinitv	Präsens	Präteritum	
bo	bor	bo**dde**	wohnte
tro	tror	tro**dde**	glaubte
bety	betyr	bety**dde**	bedeutete

Hierher gehören die regelmäßigen Verben, deren Infinitivform auf betonten Vokal ausgeht.

Bildung des Partizip Perfekts der regelmäßigen Verben

Aus der Präteritumsform kann man das Partizip bilden. In der ersten Gruppe ist das Partizip identisch mit der Präteritumsform, in den anderen Gruppen ist es gleich der Präteritumsform minus *-e*.

	Infinitiv	Präteritum	Perfekt	
Gruppe 1	snakke	snakket	har snakk**et**	sprechen
Gruppe 2	lære	lærte	har lær**t**	lernen
Gruppe 3	prøve	prøvde	har prøv**d**	versuchen
Gruppe 4	bo	bodde	har bo**dd**	wohnen

In der Gruppe 1 kann das Partizip auch die Endung *-a* haben: *snakk**a***.

Drei wichtige unregelmäßige Verben: *være, ha, gjøre*

Infinitiv	Präsens	Präteritum	Perfekt	
være	er	var	har **vært**	sein
ha	har	hadde	har **hatt**	haben
gjøre	gjør	gjorde	har **gjort**	tun, machen

Ha oder *være* als Hilfsverb beim Perfekt

Das Perfekt wird mit dem Hilfsverb *har* und dem Partizip Perfekt des Hauptverbs gebildet. Bei Bewegungsverben und Verben, die eine Veränderung ausdrücken, kann man auch das Hilfsverb *er* benutzen:

Han er/har kommet til Freiburg.	Er ist nach Freiburg gekommen.

Liste der im Buch vorkommenden unregelmäßigen Verben

be	ber	bad	bedt	bitten
binde	binder	bandt	bundet	binden
bite	biter	be(i)t	bitt	beißen
bli	blir	ble	blitt	werden, bleiben
bringe	bringer	brakte	brakt	bringen
burde	bør	burde	burdet	»sollten«
dra	drar	drog	dratt/dradd	ziehen
drikke	drikker	drakk	drukket	trinken
drive	driver	drev	drevet	treiben
dø	dør	døde	dødd	sterben
falle	faller	falt	falt	fallen
finne	finner	fant	funnet	finden
fly	flyr	fløy	fløyet	fliegen
fortelle	forteller	fortalte	fortalt	erzählen
fryse	fryser	frøs	frosset	frieren
følge	følger	fulgte	fulgt	folgen
få	får	fikk	fått	bekommen
gi	gir	gav	gitt	geben
gjelde	gjelder	gjaldt	gjeldt	gelten
gjøre	gjør	gjorde	gjort	machen, tun
gni	gnir	gned/gnidde	gnidd	reiben
gråte	gråter	gråt	grått	weinen
gå	går	gikk	gått	gehen
ha	har	hadde	hatt	haben
henge (intrans.)	henger	hang	hengt	hängen
hete	heter	het	hett	heißen
hjelpe	hjelper	hjalp	hjulpet	helfen
holde	holder	holdt	holdt	halten
komme	kommer	kom	kommet	kommen
kunne	kan	kunne	kunnet	können
la	lar	lot	latt	lassen
le	ler	lo	ledd	lachen
legge	legger	la	lagt	legen
lide	lider	led	lidd/lidt	leiden
ligge	ligger	lå	ligget	liegen
løpe	løper	løp	løpt	laufen
måtte	må	måtte	måttet	müssen
nyte	nyter	nøt	nytt	genießen
overlate	overlater	overlot	overlatt	überlassen
rekke	rekker	rakk	rukket	erreichen
se	ser	så	sett	sehen
selge	selger	solgte	solgt	verkaufen
sette	setter	satte	satt	setzen, stellen

si	sier	sa	sagt	sagen
sitte	sitter	satt	sittet	sitzen
skjære	skjærer	skar	skåret	schneiden
skrive	skriver	skrev	skrevet	schreiben
skulle	skal	skulle	skullet	sollen
slå	slår	slo	slått	schlagen
sove	sover	sov	sovet	schlafen
springe	springer	sprang	sprunget	laufen
spørre	spør	spurte	spurt	fragen
stige	stiger	steg	steget	steigen
strekke seg	strekker	strakte/strekte	strakt/strekt	sich strecken
stå	står	stod	stått	stehen
synge	synger	sang	sunget	singen
ta	tar	tok	tatt	nehmen
treffe	treffer	traff	truffet	treffen
trekke	trekker	trakk	trukket	ziehen
ville	vil	ville	villet	wollen
vinne	vinner	vant	vunnet	gewinnen
vite	vet	visste	visst	wissen
være	er	var	vært	sein

Gebrauch des Präteritums

1. Das Präteritum wird verwendet, wenn ein Vorgang/eine Handlung **zu einem bestimmten Zeitpunkt** oder innerhalb eines abgegrenzten Zeitraums ausgeführt und **in der Vergangenheit** abgeschlossen wurde. Das heißt: Wird eine Zeitangabe genannt (*i går, klokka tolv, i 1997, for ei uke siden*), muss das Präteritum stehen! Es steht ebenfalls, wenn der Zeitpunkt implizit ist, z.B. in einem vorangehenden Satz erwähnt wurde. Auch bei der Frage nach einem Zeitpunkt steht das Verb im Präteritum.

Når spiste du?	Wann hast du gegessen?
Jeg spiste for 10 minutter siden.	Ich habe vor 10 Minuten gegessen.
Jeg spiste kl. halv ett.	Ich habe um halb eins gegessen.
Jeg bodde i Oslo i 1996.	Ich habe 1996 in Oslo gewohnt.

2. **In impulsiven »Gefühlsäußerungen«** der Gegenwart verwendet man häufig das Präteritum.

Mmm, det var ei god kake.	Mmm, der Kuchen ist gut.
Det var nydelig.	Das ist lecker.

Gebrauch des Perfekts

1. Man verwendet das Perfekt, um einen Vorgang oder eine Handlung **in der Vergangenheit** auszudrücken, wenn der **Zeitpunkt unbestimmt** oder unwichtig ist. Perfekt ist hier auch im Deutschen üblich.

Har du spist middag?	Hast du zu Mittag gegessen?
Jeg har snakket med Pål.	Ich habe mit Pål gesprochen.

2. Man verwendet das Perfekt, um einen **noch nicht abgeschlossenen Vorgang** auszudrücken. Im Deutschen wird hier das Präsens benutzt, oft in Verbindung mit der Präposition *seit* oder dem Adverb *schon.*

Hvor lenge har du bodd i Oslo?	Wie lange wohnst du schon in Oslo?
Jeg har bodd i Oslo i 4 år.	Ich wohne seit 4 Jahren in Oslo.

Plusquamperfekt

Das Plusquamperfekt bildet man mit Hilfe von *hadde* (bei Bewegungsverben auch *var*) + Partizip Perfekt des Hauptverbs:

Jeg hadde spist før hun kom.	Ich hatte gegessen, bevor sie kam.
Han hadde/var allerede gått da jeg våknet.	Er war schon gegangen, als ich aufwachte.

Futur

Es gibt mehrere Möglichkeiten, das Zukünftige auszudrücken:

1. **Durch die Präsensform** des Verbs, besonders wenn im Satz eine Zeitangabe steht:

Vi reiser i morgen.	Wir reisen morgen ab.
I januar reiser Anna tilbake.	Im Januar fährt Anna zurück.
Når du ser ham, må du spørre ham.	Wenn du ihn siehst, mußt du ihn fragen.

2. **Durch *skal*** oder ***vil* + Infinitiv** des Hauptverbs. Diese zwei Hilfsverben haben auch eine modale Bedeutung. *Skal* drückt z.B. eine Absicht aus, *vil* einen Willen oder einen Wunsch. Man kann die modale Bedeutung nicht immer von der zeitlichen trennen. Wenn man einen gewissen Einfluss auf das Geschehen hat, verwendet man in der Regel *skal* als Hilfsverb im Futur:

Jeg skal studere i Tromsø.	Ich werde in Tromsø studieren.
Han skal reise med Hurtigruta.	Er wird mit der Hurtigrute reisen.
De skal gå på et språkkurs i Norge.	Sie werden in Norwegen einen Sprachkurs besuchen.

In solchen Fällen drückt *vil* normalerweise eine Modalität aus:

Jeg vil studere i Tromsø.	Ich will in Tromsø studieren.

Wenn man keinen Einfluss auf das Geschehen hat, drückt *vil* das Zukünftige aus:

Det vil sikkert bli en fin tur.	Es wird bestimmt eine schöne Reise.
Det vil regne i morgen.	Es wird morgen regnen.

3. **Durch *kommer til å* + Infinitiv** des Hauptverbs. Diese Möglichkeit benutzt man in der Umgangssprache und in der informellen Schriftsprache vor allem in Fällen, in denen man auch *vil* verwenden kann:

Det kommer til å bli anstrengende.	Es wird anstrengend werden.
De kommer til å begynne å krangle.	Sie werden anfangen, sich zu streiten.
Det kommer til å regne i morgen.	Es wird morgen regnen.

Ein Geschehen in der Zukunft von der Vergangenheit aus gesehen drückt man mit Hilfe von *skulle/ville* + Infinitiv aus:

Pierre tenkte at tiden ville bli lang.	Pierre dachte, dass die Zeit lang werden würde.

Die Modalverben

Form

Infinitiv	Präsens	Präteritum	Perfekt
skulle	skal	skulle	skullet
ville	vil	ville	villet
måtte	må	måtte	måttet
kunne	kan	kunne	kunnet
burde	bør	burde	burdet

Gebrauch

skulle »werden, sollen« (vgl. Futurbildung)

Du skal sove nå.	Du sollst jetzt schlafen.
Skal jeg hjelpe deg?	Soll ich dir helfen?
Skal vi gå på kino?	Sollen/Wollen wir ins Kino gehen?
Han skal være rik.	Er soll reich sein.

ville »werden, wollen, möchten« (vgl. Futurbildung)

Jeg vil ikke snakke med ham.	Ich will nicht mit ihm reden.
Han vil gjerne gå ut og spise med deg.	Er möchte gern mit dir essen gehen.

måtte »müssen«
»dürfen« (in negativen Sätzen)

Du må spise opp potetene!	Du musst die Kartoffeln aufessen!
De måtte flytte til en annen by.	Sie mussten in eine andere Stadt ziehen.
Du må ikke gjøre alt han sier.	1. Du musst nicht alles machen, was er sagt. 2. Du darfst nicht alles machen, was er sagt.

kunne »können«

Selvsagt kan jeg snakke engelsk.	Selbstverständlich kann ich Englisch sprechen.
Det kan bli dyrt for ham.	Das kann ihm teuer zu stehen kommen.

burde »sollten« (Konjunktiv)

Du bør spise mer frukt.	Du solltest mehr Obst essen.
Hun burde tenke mer på de andre.	Sie sollte mehr an die anderen denken.

Die Präteritalformen der Modalverben drücken Wünsche, Aufforderungen, Bitten und Fragen höflicher/vorsichtiger aus als die Präsensformen. Im Deutschen macht man diesen Unterschied mit Hilfe von Indikativ- und Konjunktivformen:

Kan du gjøre det for meg?	Kannst du das für mich tun?
Kunne du gjøre det for meg?	Könntest du das für mich tun?

Få als Hilfsverb

1. ***få*** (+ Infinitiv) **in der Bedeutung »müssen«** (manchmal etwas »abgeschwächt«):

Han fikk vente lenge.	Er musste lange warten.
Jeg får skrive ferdig brevet idag.	Ich muss wohl heute den Brief fertig schreiben.

2. ***få*** (+Infinitiv) **in der Bedeutung »dürfen«** (= få lov til) oder **»können«**:

Pierre får ikke være med på hytta.	Pierre darf nicht mit auf die Hütte.
Får jeg låne boka?	Darf/Kann ich das Buch leihen?

3. **Die Ausdrücke *få høre, få se, få vite*** drücken meist etwas Ungeplantes oder Plötzliches aus:

Anna fikk høre at ungene var hos besteforeldrene.	Anna erfuhr, dass die Kinder bei den Großeltern waren.
Plutselig fikk hun se en svart katt på veien.	Plötzlich sah sie eine schwarze Katze auf dem Weg.
Har du fått vite eksamensresultatet?	Hast du das Examensergebnis erfahren?

4. ***få*** (+ Partizip Perfekt) **in der Bedeutung »etwas fertig bringen, schaffen«:**

Jeg får ikke lest boka til i morgen.	Ich schaffe es nicht, das Buch bis morgen zu lesen.

5. ***få*** (+ Partizip Perfekt) **in der Bedeutung »bekommen«:**

Matthias har fått forlenget arbeidstillatelsen sin.	Matthias hat seine Arbeitserlaubnis verlängert bekommen.

6. ***få*** wird auch mit ***kunne*** zusammen als Hilfsverb benutzt.

Kan jeg få snakke med Anna?	Kann ich mit Anna sprechen?
Du kan godt få låne denne boka.	Du kannst dieses Buch gern leihen.
Hun spurte om hun kunne få sitte her.	Sie fragte, ob sie hier sitzen könnte.

Reflexive Verben

Jeg bestemmer meg.	Ich entscheide mich.
Du bestemmer deg.	Du entscheidest dich.
Hun/Han bestemmer seg.	Sie/Er entscheidet sich.
Vi bestemmer oss.	Wir entscheiden uns.
Dere bestemmer dere.	Ihr entscheidet euch.
De bestemmer seg.	Sie entscheiden sich.

Seg ist im Norwegischen immer ein reflexives Pronomen, nie ein reziprokes (s. S. 46/47 *s*-Verben mit reziproker Bedeutung).

Zusammengesetzte Verben

Es gibt untrennbare Zusammensetzungen (z.B. *undervise, ombestemme seg, oversette* ...) und trennbare (z.B. *se etter, skrive opp, finne sted* ...). Die trennbaren Verben sind in allen Tempusformen getrennt:

Hun står opp.	Sie steht auf.
Hun har stått opp.	Sie ist aufgestanden.
Han sa at hun stod opp kl. 6.	Er sagte, dass sie um 6 Uhr aufgestanden ist.

Die Bedeutung der Verben *synes, tro, tenke*

synes	Jeg synes (at) gaven er altfor dyr.	Ich finde das Geschenk (ist) viel zu teuer.
	Hva synes du om filmen?	Was hältst du von dem Film?
tro	Jeg tror at han har kjøpt en dyr gave.	Ich glaube, dass er ein teures Geschenk gekauft hat.
	Tror du (på) det han sier?	Glaubst du das, was er sagt?
tenke	Hva tenker du på akkurat nå?	Woran denkst du gerade?
	Jeg har tenkt å ta ferien i august.	Ich habe vor, im August Urlaub zu nehmen.
	Han kan tenke seg å flytte til Norge.	Er kann sich vorstellen, nach Norwegen zu ziehen.

Partizip Perfekt als Adjektiv

Das Partizip Perfekt als Attribut wird wie ein Adjektiv flektiert. In prädikativer Stellung sind die Partizipien meist unflektiert:

Den kjente forfatteren leste i Freiburg.	Der/Die bekannte Schriftsteller/in las in Freiburg.
Mange norske forfattere er kjent i Tyskland.	Viele norwegische Schriftsteller sind in Deutschland bekannt.

Das Partizip Präsens ist unflektierbar. Es kann die Funktion eines Adjektivs haben:

et spennende drama	ein spannendes Drama
den blomstrende industrien	die blühende Industrie

Es wird auch benutzt in Fügungen wie: *bli sittende, bli liggende, bli stående, komme gående:*

Hun ble sittende i bilen.	Sie blieb im Auto sitzen.
Jeg ble liggende hele dagen.	Ich blieb den ganzen Tag liegen.
Han kom løpende opp trappa.	Er kam die Treppe heraufgelaufen.

Ligge, stå, sitte + Verb

Diese Konstruktion ist im Norwegischen sehr üblich, im Deutschen dagegen eher selten.

Han satt og leste hele kvelden	Er (saß und) las den ganzen Abend.
Hun ligger og sover.	Sie (liegt und) schläft.
Vi stod og så på landskapet.	Wir (standen und) betrachteten die Landschaft.

Passiv

Bildung

Es gibt zwei verschiedene Arten, das Passiv zu bilden:

1. Das *bli*-Passiv entspricht der deutschen Bildungsweise mit dem Hilfsverb *bli* + Partizip Perfekt des Hauptverbs:

Turen blir planlagt av alle deltakerne.	Die Reise wird von allen Teilnehmern geplant.

2. Das *s*-Passiv wird mit Hilfe der Endung *-s* gebildet:

Turen planlegges av alle deltakerne.	Die Reise wird von allen Teilnehmern geplant.

Wenn das Subjekt des Aktivsatzes genannt werden soll, benutzt man die Präposition *av*.

Formen

	bli-Passiv	*s*-Passiv	
Infinitiv	bli spist	spises	gegessen werden
Präsens	blir spist	spises	wird gegessen
Präteritum	ble spist	(spistes)	wurde gegessen
Perfekt	er/har blitt spist		ist gegessen worden
Plusq.perf.	var/hadde blitt spist		war gegessen worden
Futur	skal bli spist	skal spises	wird gegessen werden

Gebrauch

1. Das *bli*-Passiv kann fast immer verwendet werden und dominiert völlig bei den Vergangenheitsformen, da die unregelmäßigen Verben und viele regelmäßige Verben nur im Infinitiv und Präsens eine *s*-Form aufweisen.

Susanne ble bedt til Sverres familie.	Susanne wurde zu Sverres Familie eingeladen.
Bagasjen var allerede blitt sjekket.	Das Gepäck war schon kontrolliert worden.

2. Das *s*-Passiv wird oft nach modalen Hilfsverben verwendet:

Kattene må mates to ganger om dagen.	Die Katzen müssen zweimal am Tag gefüttert werden.
Eggene skulle brukes til kaken.	Die Eier sollten für den Kuchen verwendet werden.

Das *s*-Passiv wird auch häufig in Anweisungen, Rezepten u.ä. benutzt:

Kjøttet kokes i to timer.	Das Fleisch wird zwei Stunden gekocht.
Tablettene tas etter maten.	Die Tabletten werden nach dem Essen genommen.

s-Verben mit reziproker (gegenseitiger) Bedeutung

sees »sich sehen«, ***møtes*** »sich treffen« ***treffes*** »sich treffen«, ***snakkes*** »sich sprechen« ***høres*** »voneinander hören«

Die Infinitiv- und Präsensformen lauten bei diesen Verben gleich. Von den Vergangenheitsformen ist nur *møttes* gebräuchlich.

Vi skal møtes om en uke./Vi skal møte hverandre om en uke.	Wir werden uns in einer Woche treffen.
De sees hver dag./ De ser hverandre hver dag.	Sie sehen sich jeden Tag.
Dere treffes sikkert i Oslo./ Dere treffer hverandre ...	Ihr trefft euch sicher in Oslo.

Aber nur: De traff hverandre i Oslo. Sie trafen sich in Oslo.

Analog dazu in der Umgangssprache auch:

Vi snakkes./Vi snakker med hverandre.	Wir sprechen uns.
Vi høres./Vi hører fra hverandre.	Wir hören voneinander.

Eine reziproke Bedeutung wird immer durch *hverandre* oder ein *s*-Verb ausgedrückt.

De sees hver dag.	Sie sehen sich jeden Tag.

Seg ist immer ein reflexives Pronomen und wird nie reziprok gebraucht.

De ser seg (i spellet).	Sie sehen sich (im Spiegel).

s-Verben mit aktiver Bedeutung

Zusätzlich zu den reziproken *s*-Verben sind die folgenden sehr gebräuchlich:

finnes/fins (fantes)	Det finnes mange måter å feire julen på.	Es gibt viele Arten, Weihnachten zu feiern.
synes (syntes)	Jeg synes han er hyggelig.	Ich finde ihn nett.
	Det syntes som om han ikke ville ha noe med saken å gjøre.	Es schien so, als ob er mit der Sache nichts zu tun haben wollte.
høres (ut) (hørtes)	Det høres merkelig (ut).	Es klingt merkwürdig.
skilles (skiltes)	De vil skilles.	Sie wollen sich scheiden lassen.
trives (trivdes)	Jeg trivdes veldig godt i Bergen.	Ich habe mich in Bergen sehr wohl gefühlt.
spørs	Det spørs om hun sier sannheten.	Es fragt sich, ob sie die Wahrheit sagt.
slåss (sloss-slåss)	Ungene sloss fra morgen til kveld.	Die Kinder prügelten sich von morgens bis abends.
skyldes (skyldtes)	Det skyldes helt sikkert en misforståelse.	Es ist bestimmt auf ein Missverständnis zurückzuführen.

Indirekte Rede

Wenn das Aussageverb im Präsens steht, wird die Zeitform des Verbs der direkten Rede in der indirekten Rede beibehalten:

Han sier: »Jeg elsker Anna.«	Han sier at han elsker Anna.	Er sagt, daß er Anna liebe.

Wenn das Aussageverb in einer Vergangenheitsform steht, tritt normalerweise eine Zeitverschiebung ein, die folgendermaßen aussieht:

Direkte Rede		Indirekte Rede
Präsens	→	Präteritum
Präteritum	→	Plusquamperfekt
Perfekt	→	Plusquamperfekt
Futur	→	Präteritum des Hilfverbs

»Jeg elsker Anna.«	Han sa at han elsket Anna.	Er sagte, dass er Anna liebe.
»Jeg elsket Anna.«	Han sa at han hadde elsket Anna.	Er sagte, dass er Anna geliebt habe.
»Jeg har elsket Anna.«	Han sa at han hadde elsket Anna.	Er sagte, dass er Anna geliebt habe.
»Jeg vil alltid elske Anna.«	Han sa at han alltid ville elske Anna.	Er sagte, dass er Anna immer lieben werde.

Irreale/hypothetische Aussagen

Um einen irrealen oder hypothetischen Sachverhalt in der Gegenwart auszudrücken, benutzt man Präteritum **oder** Plusquamperfekt des Verbs, oft auch *ville* + Infinitiv im Folgesatz. Für Aussagen in der Vergangenheit kann man nur das Plusquamperfekt (und ggf. *ville* + ha + Part. Perf.) verwenden. Sätze im Plusquamperfekt sind also zweideutig. (Im Deutschen benutzt man den Konjunktiv oder einen *würde*-Satz, um einen irrealen Sachverhalt auszudrücken.)

Hvis jeg hadde penger, kjøpte jeg en BMW. Hvis jeg hadde penger, ville jeg kjøpe en BMW.	} Wenn ich Geld hätte, würde ich einen BMW kaufen.
Hvis jeg hadde hatt penger, hadde jeg kjøpt en BMW. Hvis jeg hadde hatt penger, ville jeg (ha) kjøpt en BMW.	} 1. Wenn ich Geld hätte, hätte ich einen BMW gekauft. Oder: 2. Wenn ich Geld gehabt hätte, hätte ich einen BMW gekauft.

Präpositionen

Lokale Bedeutung

Die Präpositionen *i, på* und *til*

Die Grundbedeutung von *i* ist »in«, die Grundbedeutung von *på* ist »auf«, aber *på* wird auch in vielen Fällen verwendet, in denen man im Deutschen »in« sagt. Diese beiden Präpositionen werden sowohl bei Bewegung wie auch bei Ruhelage benutzt.

på kino	ins Kino/im Kino
på skolen	in die Schule/in der Schule
på universitetet	in die Universität/in der Universität
på sykehuset	ins Krankenhaus/im Krankenhaus
på kontoret	ins Büro/im Büro
på postkontoret	auf die Post/auf der Post
på hytta	auf die Hütte/auf der Hütte
på landet	aufs Land/auf dem Land
i banken	auf die Bank/auf der Bank
i butikken	in den Laden/im Laden

Bei Raumbezeichnungen sagt man:

i kjelleren	in den Keller/im Keller
i stua	ins Wohnzimmer/im Wohnzimmer
i boden	in den Abstellraum/im Abstellraum
på badet	ins Bad/im Bad
på soverommet	ins Schlafzimmer/im Schlafzimmer
på kjøkkenet	in die Küche/in der Küche
på gangen	in den Flur/im Flur

Bei Städten und kleineren Ortschaften, die an der Küste liegen, steht die Präposition *i*. Die Richtungspräposition ist bei Ortsangaben immer *til*.

Han bor i Stavanger, og hun bor i Kjøllefjord.	Er wohnt in Stavanger und sie wohnt in Kjøllefjord.
Jeg reiser til Stavanger i morgen.	Ich fahre morgen nach Stavanger.

Man verwendet die Präposition *på* bei kleineren Ortschaften im Landesinneren und bei Inselnamen.

Jeg har bodd på Røros i mange år, men familien min bor på Stord.	Ich wohne seit vielen Jahren in Røros, aber meine Familie wohnt auf Stord.

Temporale Bedeutung (Zeitausdrücke)

Die Präposition *i*

Einmaliger Zeitpunkt (normalerweise ohne Artikel):

i dag	heute	(i) neste uke	nächste Woche
i morges	heute Morgen	i helga/-en	} am Wochenende
i formiddag	heute Vormittag	i weekenden	
i ettermiddag	heute Nachmittag	(i) neste måned	nächsten Monat
i kveld	heute Abend	i år	dieses Jahr
i natt	heute Nacht	i fjor	letztes Jahr
		i fjor sommer	letztes Jahr im Sommer
i går	gestern		
i går morges	gestern Morgen	i forfjor	vorletztes Jahr
i går kveld	gestern Abend	i vår	in diesem Frühling
i forgårs	vorgestern	i sommer	in diesem Sommer
i morgen	morgen	i høst	in diesem Herbst
i morgen tidlig	morgen früh	i vinter	in diesem Winter
i morgen kveld	morgen Abend	i januar	im Januar
i overmorgen	übermorgen	i 1999	1999
(i) denne uka/-en	diese Woche		
(i) forrige uke	letzte Woche		

Zeitraum:

i tre år	drei Jahre lang; seit drei Jahren
Jeg skal være her i tre år.	Ich werde drei Jahre lang hier bleiben.
Jeg har bodd i Freiburg i tre år.	Ich wohne seit drei Jahren in Freiburg.

Die Präposition *til*

Zukünftiger Zeitpunkt:

til neste år	nächstes Jahr
til sommeren	nächsten Sommer
til jul	zu Weihnachten

Die Präposition *om*

Wiederholter Zeitpunkt (Substantiv in der bestimmten Form):

om morgenen	morgens/am Morgen
om dagen	tagsüber/am Tag
om vinteren	im Winter
om våren	im Frühling

Zeitpunkt in der Zukunft:

om en time	in einer Stunde
Jeg reiser om en time.	Ich fahre in einer Stunde ab.

Die Präposition *på*

Einmaliger Zeitpunkt (bei Wochentagen):

på mandag	am Montag

Zeitraum:

på 4 timer	innerhalb eines Zeitraums von 4 Stunden
Jeg reiser dit på fire time.	Ich bin dahin vier Stunden unterwegs.

Mit Negation + Zeitraum:

ikke på to år	nicht seit zwei Jahren
Jeg har ikke sett ham på to år.	Ich habe ihn seit zwei Jahren nicht gesehen.

Die Präposition *siden*

siden + Zeitpunkt in der Vergangenheit:

siden i går	seit gestern
Jeg har ikke sett ham siden torsdag.	Ich habe ihn seit Donnerstag nicht gesehen.

Die Präposition *for ... siden*

Zeitpunkt in der Vergangenheit:

for fem år siden	vor fünf Jahren
Vi var i Frankrike for fem år siden.	Vor fünf Jahren waren wir in Frankreich.

Präpositionalverbindung als Ersatz für den Genitiv

Der Genitiv wird viel seltener verwendet als im Deutschen. Stattdessen wird mit einer Präposition umschrieben. Je nach Art des Genitivs lassen sich einige Regeln aufstellen:

til benutzt man, um einen Besitz (im weiteren Sinne) auszudrücken (possessiver Genitiv):

bunaden til Kirsti	Kirstis bunad	Kirstis Nationaltracht
problemene til mannen	mannens problemer	die Probleme des Mannes

av benutzt man

1. um einen Teil vom Ganzen auszudrücken (partitiver Genitiv). Hier ist eine Genitivkonstruktion im Norwegischen nicht möglich:

noen av vennene mine	einige meiner Freunde
flertallet av befolkningen	die Mehrheit der Bevölkerung

2. statt eines objektiven oder subjektiven Genitivs:

feiringen av nasjonaldagen (Vi feirer nasjonaldagen.)	nasjonaldagens feiring	das Feiern des Nationalfeiertages
betydningen av ordet (Ordet betyr ...)	ordets betydning	die Bedeutung des Wortes

Aber auch andere Präpositionen werden da benutzt, wo man im Deutschen einen Genitiv hat.

i benutzt man zum Beispiel oft, wenn es um eine örtliche Bestimmung geht, aber auch sonst:

Festspillene i Bergen	Bergens festspill	die Bergener Festspiele
trærne i skogen	skogens trær	die Bäume des Waldes
høydepunktet i året	årets høydepunkt	der Höhepunkt des Jahres

for

lederen for foreningen	foreningens leder	der Vorstand des Vereins
sjefen for firmaet	firmaets sjef	der Chef der Firma

på

prisen på bordet	bordets pris	der Preis des Tisches
fargen på buksa	buksas farge	die Farbe der Hose
navnet på gata	gatas navn	der Name der Straße
hodet på katten	kattens hode	der Kopf der Katze

Präposition + Nebensatz/Infinitiv

Jede Präposition kann unmittelbar mit einem Infinitiv oder einem Nebensatz verbunden sein:

Torleif er endelig ferdig med å kjefte.	Torleif hat endlich aufgehört zu schimpfen.
Er du klar over at du kan miste førerkortet?	Bist du dir darüber im Klaren, dass du den Führerschein verlieren kannst?

Konjunktionen

Beiordnende Konjunktionen

og	und	Vi spiser og drikker for mye. Wir essen und trinken zu viel.
eller	oder	Vil du ha kaffe eller te? Möchtest du Kaffee oder Tee?
men	aber	Han hadde reist, men hun visste det ikke. Er war abgereist, aber sie wusste es nicht.
for	denn	Jeg må ta med en tjukk genser, for det er kaldt i Norge. Ich muß einen dicken Pulli mitnehmen, denn es ist kalt in Norwegen.
både - og	sowohl - als auch	Både Per og Pål liker eplekake. Sowohl Per als auch Pål mögen Apfelkuchen.
enten - eller	entweder - oder	Vi kan enten reise på ferie eller kjøpe en ny bil. Wir können entweder in Urlaub fahren oder ein neues Auto kaufen.
verken - eller	weder - noch	Anna vil verken reise til Lillehammer eller til Bygdøy. Anna will weder nach Lillehammer noch nach Bygdøy fahren.

Unterordnende Konjunktionen

Die Konjunktion *at* »dass« kann wie im Deutschen wegfallen:

Hun sier at boka er god.	Sie sagt, dass das Buch gut sei.
Hun sier boka er god.	Sie sagt, das Buch sei gut.

Temporalkonjunktionen (Zeit)

da	als	Da sola viste seg, ble hun i godt humør. Als sich die Sonne zeigte, bekam sie gute Laune.
når	wenn	Når jeg blir gammel, skal jeg skrive ei bok. Wenn ich alt bin, werde ich ein Buch schreiben.
etter at	nachdem	Etter at jeg hadde lest boka, forstod jeg mye mer. Nachdem ich das Buch gelesen hatte, verstand ich viel mehr.
siden	seitdem	Siden jeg begynte å lære norsk, har jeg møtt mange nordmenn. Seitdem ich angefangen habe, Norwegisch zu lernen, habe ich viele Norweger getroffen.

mens	während	Mens hun leste avisen, snakket han i telefonen. Während sie Zeitung las, telefonierte er.
før	bevor	Før jeg reiser på ferie, må jeg skrive til ham. Bevor ich in Urlaub fahre, muss ich ihm schreiben.
så lenge	so lange	Så lenge du ikke har gjort arbeidet, kan du ikke ta ferie. Solange du die Arbeit nicht getan hast, kannst du keinen Urlaub nehmen.

Kausalkonjunktionen (Ursache)

fordi	weil, da	Jeg kunne ikke komme fordi jeg måtte arbeide. Ich konnte nicht kommen, weil ich arbeiten musste.
da		Da hun spiste for en halv time siden, er hun ikke sulten nå. Weil sie vor einer halben Stunde gegessen hat, hat sie jetzt keinen Hunger.
siden		Siden hun ikke har snakket om det, kan det ikke være så viktig. Da sie nicht darüber gesprochen hat, kann es nicht so wichtig sein.
ettersom		Ettersom du ikke vil være med, reiser jeg alene. Da du nicht mitkommen willst, reise ich allein.

Konditionalkonjunktionen (Bedingung)

hvis	wenn, falls	Hvis det ikke regner, vil jeg gå en tur. Wenn es nicht regnet, will ich spazieren gehen.
dersom		Dersom du har tid, kan du kanskje kjøpe kinobillettene. Falls du Zeit hast, kannst du vielleicht die Kinokarten kaufen.
om		Vi spiser på restaurant om du heller vil det. Wir essen im Restaurant, wenn du das lieber willst.

Finalkonjunktionen (Absicht)

for at	damit	Jeg skriver brevet for at han skal forstå at jeg tenker på ham. Ich schreibe den Brief, damit er merkt, dass ich an ihn denke.
så		Han gjør alt for henne så hun ikke skal reise fra ham. Er tut alles für sie, damit sie ihn nicht verlässt.

In Sätzen mit einer Finalkonjunktion steht normalerweise *skal/skulle* als Hilfsverb.

Konsekutivkonjunktionen (Folge)

så at	so dass	Han drakk så mye at han måtte ta drosje hjem. Er trank so viel, dass er ein Taxi nach Hause nehmen musste.
slik at		Bildet hang på veggen, slik at alle kunne se det. Das Bild hing an der Wand, so dass alle es sehen konnten.

Konzessivkonjunktionen (Einräumung)

selv om	obwohl, auch wenn	Selv om han er veldig ung, kan man ikke unnskylde ham. Auch wenn er sehr jung ist, kann man ihn nicht entschuldigen.
til tross for at		Til tross for at det var kaldt, gikk de ned på kaia. Obwohl es kalt war, gingen sie hinunter zum Kai.

Komparativkonjunktionen (Vergleich)

som om	als ob	De gjorde som om de ikke kjente ham. Sie taten so, als ob sie ihn nicht kennen würden.
slik som	so wie	Skoleåret begynte i august slik som det alltid gjør. Das Schuljahr begann wie immer im August.
jo - desto	je - desto	Jo mer han snakket desto sintere ble hun. Je mehr er redete, desto wütender wurde sie.

Wortstellung

Im einfachen Hauptsatz

Grundsätzlich ist die Wortstellung im einfachen Hauptsatz wie im Deutschen:

Jeg heter Pierre.	Ich heiße Pierre.
Hva heter du?	Wie heißt du?

Im Norwegischen können jedoch hinter der infiniten Verbform (Infinitiv, Partizip) weitere Satzglieder stehen:

Han vil studere i Norge.	Er will in Norwegen studieren.
Kan jeg sitte her?	Kann ich hier sitzen?

Inversion

Wie im Deutschen gibt es Inversion (Subjekt und Verb tauschen den Platz), wenn am Satzanfang ein anderes Satzglied als das Subjekt steht.

Jeg kjøper noen epler.	Ich kaufe einige Äpfel.
I dag kjøper jeg noen epler.	Heute kaufe ich einige Äpfel.

Stellung von *ikke*

Wenn keine anderen Adverbien im Satz vorhanden sind, steht *ikke* im Hauptsatz nach dem flektierten Verb.

Jeg er ikke tørst.	Ich habe keinen Durst.
Jeg vil ikke ha bløtkake.	Ich will keine Sahnetorte.

In Fragen steht *ikke* normalerweise nach dem Subjekt:

Drikker hun ikke øl?	Trinkt sie kein Bier?
Vil hun ikke ha øl?	Möchte sie kein Bier?

Verb im Nebensatz

Im Nebensatz gibt es keine Endstellung des flektierten Verbs.

Jeg kjøper ei flaske fordi jeg liker Cola.	Ich kaufe eine Flasche, weil ich Cola mag.
Jeg spør fordi jeg vil ringe til deg.	Ich frage, weil ich dich anrufen will.

Adverbien im Nebensatz

Ikke und viele andere Adverbien wie *gjerne, likevel, kanskje, ennå, ofte, alltid, aldri, dessverre, nå, sikkert, snart* stehen im Nebensatz normalerweise vor dem flektierten Verb:

De vil ikke snakke tysk.	Sie wollen nicht Deutsch sprechen.
Studentene sier at de ikke vil snakke tysk.	Die Studenten sagen, dass sie nicht Deutsch sprechen wollen.

Ort vor Zeit

Anders als im Deutschen steht eine Ortsangabe normalerweise vor einer Zeitangabe:

Jeg har bodd i Freiburg i 20 år.	Ich wohne seit 20 Jahren in Freiburg.

Präposition und Relativpronomen

Wenn das Relativpronomen mit einer Präposition verbunden ist, steht die Präposition normalerwesie am Ende des Satzes:

Mennene som hun snakker med, er fra Sveits.	Die Männer, mit denen sie spricht, sind aus der Schweiz.

Präposition und Fragewort

Eine Präposition, die ein Fragewort regiert, steht normalerweise am Ende des Satzes.

Hva snakker hun om?	Wovon spricht sie?
Hvem skriver du brev til?	Wem schreibst du einen Brief?

nach *kanskje*

gibt es meistens keine Inversion:

Kanskje vi ser hverandre i Tromsø.	Vielleicht sehen wir uns in Tromsø.
Kanskje det kommer til å regne.	Vielleicht wird es regnen.

Bisweilen auch: *Kanskje ser vi hverandre i Tromsø.*

Fragen und Antworten

Wie im Deutschen kann man eine Antwort geben, indem man das Hilfsverb des Fragesatzes wiederholt:

Har du studert i Tromsø?	Hast du in Tromsø studiert?	Ja, det har jeg.
Vil du låne boka?	Willst du das Buch leihen?	Nei, det vil jeg ikke.

Ist kein Hilfsverb vorhanden, benutzt man das Verb *gjøre*:

Snakket du med Kari i går?	Hast du gestern mit Kari gesprochen?
Nei, det gjorde jeg ikke.	

Være og *ha* werden jedoch auch als Vollverben in der Antwort gebraucht:

Var du på kino i går?	Warst du gestern im Kino?	Ja, det var jeg.

»Präsentationssätze« mit *det*

Im Norwegischen ist es normal, einen Präsentationssatz (Satz, der etwas Neues/noch nicht Erwähntes präsentiert) mit *det* anzufangen, wenn das eigentliche Subjekt in der unbestimmten Form steht. *Det* hat hier die Funktion eines vorläufigen Subjekts. Anders als im Deutschen wird *det* beibehalten, auch wenn der Satz mit einer adverbialen Bestimmung anfängt:

Det står en bil i garasjen.	Es steht ein Auto in der Garage. In der Garage steht ein Auto.
I går stod det en bil i garasjen.	Gestern stand ein Auto in der Garage.
Det ble funnet ei lommebok utenfor huset.	Eine Brieftasche wurde vor dem Haus gefunden.
Utenfor huset ble det funnet ei lommebok.	Vor dem Haus wurde eine Brieftasche gefunden.

Aber:

Bilen står i garasjen.	Das Auto steht in der Garage.
I går stod bilen i garagen.	Gestern stand das Auto in der Garage.
Susanne sitter i bilen.	Susanne sitzt im Auto.
I går satt Susanne i bilen.	Gestern saß Susanne im Auto.

»Satzspaltung«

Um ein Satzglied hervorzuheben, ist es üblich, das entsprechende Satzglied aus dem ursprünglichen Satz herauszunehmen und in einen neuen Satz mit *det* als Subjekt und einer finiten Form von *være* als Prädikat einzufügen. Der ursprüngliche Satz folgt als Nebensatz (*som-* oder *at*-Satz). Im Deutschen kommt diese Konstruktion seltener vor.

Det er jo det som er det fine med invitasjonen.	Das ist ja das Schöne an der Einladung.
Det er jo derfor (at) jeg ringer.	Deswegen rufe ich ja an.
Hvem var det som ringte?	Wer hat angerufen?
Hva var det du sa?	Was hast du gesagt?

Rechtschreibregeln

Vereinfachung von Doppelkonsonanten

Vor einer Flexionsendung, die mit einem Konsonanten beginnt, wird ein Doppelkonsonant normalerweise vereinfacht.

grønn	→	grønt	grün
sykkel	→	sykler	Fahrrad
begynne	→	begynte	beginnen

-m im Auslaut

Der Buchstabe *-m* ist im Auslaut immer einfach.

et rom	rommet	rom	rommene	Zimmer

Kleine Wörter mit vielschichtiger Bedeutung

da

Konjunktion: »als«	
Da han hadde pakket kofferten, begynte han å lage mat.	Als er den Koffer gepackt hatte, fing er an zu kochen.
»da, weil«	
Da han ikke har skrevet, regner jeg med at han har glemt meg.	Da er nicht geschrieben hat, gehe ich davon aus, dass er mich vergessen hat.
Adverb: »dann, da«	
Da besøker jeg heller min mor.	Dann besuche ich lieber meine Mutter.
Adverbiales Füllwort: »doch«	
Gjør det da!	Mach es doch!
Det kan du da ikke mene.	Das meinst du doch nicht ernst.

før

Konjunktion: »bevor, ehe«	
Jeg våknet lenge før han viste seg.	Ich wachte auf, lange bevor er erschien.
Adverb: »früher, davor«	
Før reiste han mye.	Früher ist er viel gereist.
Dagen før var han i London.	Am Tag davor war er in London.
Präposition: »vor«	
Før krigen hadde de mange penger.	Vor dem Krieg hatten sie viel Geld.

om

Konjunktion: »ob«	
De spør om barna er i barnehagen.	Sie fragen, ob die Kinder im Kindergarten sind.
»wenn, falls«	
Om du vil, hjelper jeg deg.	Wenn du willst, helfe ich dir.
Adverb: »noch einmal/aufs Neue«	
Du må skrive om teksten.	Du musst den Text neu schreiben/ändern.
om og om igjen	wieder und wieder

Präposition: u.a. »um«	
Jeg bad ham om hjelp, for han bor like om hjørnet.	Ich bat ihn um Hilfe, denn er wohnt gleich um die Ecke.
»an«	
Om morgenen er han alltid trøtt og sur.	Am Morgen ist er immer müde und schlecht gelaunt.
»von« snakke om, fortelle om, mene om, synes om ...	
Vi har snakket mye om deg.	Wir haben viel von dir gesprochen.
»über«	
Her er ei fin bok om Norge.	Hier ist ein schönes Buch über Norwegen.
»in«	
Om sommeren er det alltid lyst om natten.	Im Sommer ist es nachts immer hell.
Jeg drar om åtte dager.	Ich fahre in acht Tagen.

siden

Konjunktion: »seitdem«	
Siden han kom tilbake, har jeg ikke sett ham.	Seitdem er zurückgekommen ist, habe ich ihn nicht gesehen.
»da, weil«	
Siden du er så umulig, vil jeg ikke snakke mer med deg.	Da du so unmöglich bist, will ich nicht mehr mit dir reden.
Adverb: »später, darauf«	
Siden reiste han rundt i verden.	Später reiste er in der Welt herum.
Präposition: »seit«	
Vi har vært i Norge siden påske.	Wir sind seit Ostern in Norwegen.

så

Konjunktion: »so dass«	
Han snakket høyt så man kunne forstå han.	Er sprach laut, so dass man ihn verstehen konnte.
»damit«	
Jeg vanner blomstene så de ikke skal dø.	Ich gieße die Blumen, damit sie nicht eingehen.
»also«	
Så nå har du sjansen til å snakke med dem.	Also hast du jetzt die Gelegenheit mit ihnen zu reden.
»so«	
Blomstene mine er like så fine som dine.	Meine Blumen sind genauso schön wie deine.
Adverb: »dann«	
Hvis jeg vanner blomstene, så dør de ikke.	Wenn ich die Blumen gieße, dann gehen sie nicht ein.
Først spiser vi, og så går vi en tur.	Erst essen wir, und dann gehen wir spazieren.

Sachregister

Deutsch-norwegischer Wortschatz

ab und zu av og til (15)
abbiegen svinge (-te) (9)
Abend kveld, en (2); *~essen* kvelds(mat), en (8); *am ~* om kvelden (22)
abends om kvelden (22)
aber men (2)
abergläubisch overtroisk (23)
Abfahrt avgang, en (10)
abgehärtet *vom Wetter ~* værbitt (22)
abgesehen von bortsett fra (23)
abholen hente (-et) (15)
Abiturient/-in russ, en (–) (22)
abnehmen avta (-tok -tatt) (21)
abrufen *Daten ~* hente ut data (-et) (22)
Abscheu avsky, en (12)
Abschluss avslutning, en (23); *~klasse* avgangsklasse, en/ei (22)
abseits avsides (12)
Abstand avstand, en (22)
Abstellraum bod, en (14)
Abweg *auf ~en sein* være på vidvanke (23)
ach so å ja (2)
acht åtte (3)
achte åttende (10)
achtzehn atten (3)
achtzig åtti (4)
adieu adjø (2)
Adresse adresse, en/ei (4)
ahnen ane (-te) (11)
ähnlich lignende (17); *und ähnliches/u.ä.* og lignende/o.l. (17)
Ahnung anelse, en (16); *keine ~* ingen anelse (16)
aktuell aktuell/aktuelt (7)
Akzent aksent, en (16)
akzeptieren godta (-tok -tatt) (18)
Alkohol alkohol, en (18)
all all (3)
alle alle (1); *~ zusammen* alle sammen (1); *~ beide* begge to (15)
allein alene (7)
aller- aller (11)
allergisch allergisk (17)
alles alt (14), allting (23)
allmählich etter hvert (14)
Alltag hverdag, en (15)
als enn (Vergleich + Komparativ) (2); som (Vergleich) (14); *~ (zeitlich)* da (8); *~ ob* som om (14)
also altså (8)
alt gammel/gammelt (eldre-eldst) (4)
Ampelkreuzung lyskryss, et (9)
amputieren amputere (-te) (21)
an til (7) ved (7)
an und für sich forsåvidt (10)
andere andre (4); *~r* annen (4); *~s* annet (12); *der/die/das Andere* den/det andre (12)
ändern, (sich) forandre (seg) (-et) (23)
Anfang begynnelse, en (20); *von ~ an* fra begynnelsen av (20); *am ~ von* i begynnelsen av (20)
anfangen begynne (-te) (7), starte (-et) (10)
anfangs i begynnelsen (av) (20)
angehen angå (-gikk -gått); *Das geht dich nichts an.* Det angår deg ikke./Det har du ikke noe med. (7)
angehören høre til (-te) (4)
angekommen sein være fremme (20)
Angelegenheit sak, en/ei (23)
Angst angst, en (12); *~ haben (vor etw.)* være redd (for noe) (12)
ängstlich redd (12)
anhaben ha på seg (hadde-hatt) (5)
anhalten stoppe (-et) (11)
anhören *sich etw. ~* høre på noe (-te) (20)
Ankunft ankomst, en (10)
Anlegestelle anløpssted, et (-steder) (17)
anrufen *jdn. ~* ringe til noen (-te) (3)
anschauen *etw. ~* se på noe (så-sett) (10)
anscheinend visst (16)
Anschrift adresse, en/ei (4)
Ansichtskarte kort, et (3)
ansonsten ellers (11)
anstellen ansette (-satte -satt) (20)
anstrengend anstrengende (10)
antworten svare (-te) (7)
Apfel eple, et (3); *~kuchen* eplekake, en/ei (12)
Apotheke apotek, et (15)
Apparat apparat, et (21)

April april (10)
Arbeit arbeid, et (13); *zur ~ gehen* gå på arbeid/jobb (15); *~serlaubnis* arbeidstillatelse, en (13); *~svertrag* arbeidskontrakt, en (14)
arbeiten arbeide (-et) (1), jobbe (-et) (10)
Architekt/-in arkitekt, en (13)
Architektur arkitektur, en (14)
ärgern ergre (-et), mobbe (-et) (20)
arktisch arktisk (17)
arm fattig (16); *bemitleidenswert* stakkars (10)
Arm arm, en; *jdn. auf den ~ nehmen* gjøre narr av noen (17)
Art slags, en/et (3); *was für, welche ~ (von)* hva slags (3); *jede ~ (von)* all slags (3); måte, en (18); *in irgendeiner Weise* på en eller annen måte (18)
Arzneimittel medisin, en (16)
Arzt lege, en (17)
Asthma astma, en (17)
Atmosphäre atmosfære, en (18)
attraktiv attraktiv/attraktivt (21)
auch o*g*så (1); *~ nicht* heller ikke/ikke heller (10); *~ wenn* selv om (14)
auf på (1)
Aufenthalt oppho*ld*, et (13); *~serlaubnis* opphol*d*stillatelse, en (13)
Auffassung oppfatning, en (18)
Aufführung oppføring, en/ei (19)
aufgeben *den Koffer ~* sende kofferten som reisegods (10)
aufgießen slå på (slo-slått) (21)
aufhören slutte (-et) (10)
auflösen oppløse (-te) (22)
Auflösung oppløsning, en (22)
aufmuntern *sich ~* kvikke seg opp (-et) (18)
aufpassen passe på (-et) (10)
aufräumen rydde (-et) (15)
aufregen *sich ~* hisse seg opp (-et) (20)
Aufschnitt kjøttpålegg, et (3)
aufschreiben skrive ned (skrev-skrevet) (13), skrive opp (15)
aufstehen, aus den Federn kommen stå opp (sto*d*-stått), pelle seg (opp) (-te/et) (21)
auftauchen dukke opp (-et) (23)
aufwachen våkne (-et) (7)
Auge øye, et (øyne) (21)
Augenblick øyeblikk, et (4)
August august (10)
Au-pair au pair, en (1)
aus fra (1); av (3)
Ausdruck uttrykk, et (12), utskrift, en/ei (22)
ausdrucken *Daten ~* printe ut data (-et) (22), skrive ut data (skrev-skrevet) (22)
Ausflug tur, en; *einen ~ machen* ta en tur (tok-tatt) (6); *~ auf eine Hütte* hyttetur, en (19)
ausfüllen fylle ut (-te) (13)
Ausgangspunkt utgangspunkt, et (17)
auskennen *sich an einem Ort ~* være kjent et sted (11)
Ausland, das utlan*det* (7)
Ausländer/-in utlen*d*ing, en (9)
ausländisch utenlan*d*sk (4)
auslösen utløse (-te) (12)
ausloggen, *sich ~* logge (seg) ut (-et) (22)
ausnahmsweise for en gangs skyld (6)
ausnutzen utnytte (-et) (12)
auspacken pakke opp/ut (-et) (13)
ausrüsten utstyre (-te) (14)
aussehen (als ob) se ut (som om) (såsett) (14)
außerdem dessuten (3)
außerhalb utenfor (11)
Aussicht utsikt, en (4)
Aussprache uttale, en (16)
ausstehen utstå (-sto*d* -stått) (21)
Ausverkauf utsalg, et (5); *im ~* på salg (5)
Auswahl utvalg, et (20)
auswendig utenat (22), *~ lernen* lære utenat (-te) (22)
ausziehen flytte ut (-et) (14)
Auto bil, en (10); *~bahn* motorvei, en (20); *~fahrt* biltur, en (20)
backen bake (-te) (15)
Bäckerei bakeri, et (15)
Bad bad, et (14)
baden bade (-et) (12)
Bahnhof jernbanestasjon, en (9); *~splatz* jernbanetorg, et (9)
bald snart (4)
Balkon balkong, en (11)
Bank (Geldinstitut) bank, en (14)
Bär bjørn, en (13)
Barock barokk, en (20)
Bart skjegg, et (5)
Bauch mage, en (17)
bauen bygge (-de) (11)

Bauer/Bäuerin bon*d*e, en (bøn*d*er) (10)
Bauernhof bon*d*egår*d*, en (10)
Baum tre, et (trær) (5)
Bauwerk byggverk, et (19)
beantragen *etw.* ~ søke om noe (-te) (13)
Bedarf behov, et (–) (18)
bedeuten bety (-dde) (2); *~d* betydelig (23)
Bedeutung betydning, en (14)
Bedürfnis behov, et (–) (18)
Befreiung frigjøring, en/ei (22)
begegnen møte (møtte-møtt) (12)
Begegnung møte, et (13)
begeistert begeistret (12); *von etw.* ~ begeistret for noe (13)
Begeisterung begeistring, en/ei (12)
beginnen begynne (-te) (7)
begleiten føl*g*e (fulgte-fulgt) (15)
Begriff begrep, et (23)
behalten behol*d*e (-holdt -holdt) (22)
behandeln behandle (-et) (19)
bei hos (+Personen) (4), ve*d* (7)
beide begge (15), *alle* ~ begge to (15), *~s* begge deler (15)
Bein bein, et (best. Pl. beina) (20), *auf den ~en* på beina (20); *~bruch* beinbrudd, et (19)
Beispiel eksempel, et (–) (5); *zum ~/ z.B.* for eksempel/ f.eks. (5)
beißen bite (be(i)t-bitt) (13)
beitragen *zu etw.* ~ bidra til noe (-dro*g* -dradd/dratt) (23)
bekannt kjent (7); *für etw. ~ sein* være kjent for noe (11); *sehr* ~ godt kjent (7)
Bekannte(r) (be)kjent, en (Plur. kjente) (18)
beklagen *sich* ~ klage (-de/et) (7)
bekommen få (fikk-fått) (6)
Beleuchtung belysning, en (18)
beliebt populær/populært (11)
Beliebtheit popularitet, en (22)
Belletristik skjønnlitteratur, en (21)
bemerkbar machen *sich* ~ gjøre seg gjeldende (gjorde-gjort) (21)
bemitleiden *jdn.* ~ synes synd på/ i noen (-tes) (12)
benutzen bruke (-te) (2)
Benzin bensin, en (20); *~tank* bensintank, en (20)
Berg fjell, et (14), *das Hochgebirge* høyfjelle*t* (21); *~zinne, Gipfel* tin*d*e, en (17)
Beruf yrke, et (13); *~sgruppe* yrkesgruppe, en/ei (23)
berufstätig yrkesaktiv (8)
beruhigend beroli*g*en*d*e (19)
berühmt berømt (16)
bescheiden beskjeden/beskjedent (11)
beschimpfen *jdn.* ~ kjefte på noen (-et) (20), mobbe noen (-et) (20)
beschließen bestemme (seg) (-te) (5)
beschreiben beskrive (-skrev -skrevet) (12)
besetzt opptatt (11)
besitzen eie (-de) (19)
besoffen full/fullt (18)
besonders særlig (20), spesielt (18)
besser bedre (12)
Beste *sein/ihr ~s tun* gjøre sitt beste (gjorde-gjort) (23)
bestehen bestå (-sto*d* -stått) (16)
bestellen bestille (-te) (10)
bestimmt sikker/sikkert (5)
Besuch besøk, et (–) (22)
besuchen besøke (-te) (15)
betrachten betrakte (-et) (19)
betreffen angå (-gikk -gått) (23)
Bett seng, en/ei (14), *Koje, ~ auf dem Schiff* køye, en/ei (17), *das ~ machen* re opp (sengen) (-dde) (15); *zu* ~ til køys (21), til sengs (21)
Bevölkerung befolkning, en (22); *~sgruppe* befolkningsgruppe, en/ei (23)
bevor før (10)
bevorstehen *unmittelbar* ~ være på trappene (23)
bewerben *sich um etw.* ~ søke om noe (-te) (13)
bewohnt bebodd (12)
bewölkt overskyet (21); *wechselnd* ~ skiftende skydekke (21)
bewundern beundre (-et) (12)
Bewunderung beundring, en (12)
Bier øl, et (2)
Bild bilde, et (6); *~hauer/-in* billedhugger, en (12)
billig billig (4)
binden bin*d*e (bandt-bun*d*et) (7)
bis til (7); *~her* hittil (13)
bitte, *~ schön (wenn man etwas gibt/ anbietet)* vær så god (3); *~(wenn man um etw. bittet)* vær så snill ... (2)
bitten be (ba*d*-bedt) (15)

blasen blåse (-te) (21)
Blaskapelle musikkorps, et (22)
blättern bla (-dde) (12)
blau blå/blått (5)
bleiben bli (ble-blitt) (5)
bleich blek/blekt (15)
Blick utsikt, en (4)
blind blin*d*/blindt (23)
Blinddarmentzündung blin*d*tarmbetennelse, en (19)
Blitz lyn, et (21)
blitzen lyne (-te) (21)
blond blond/blondt (9)
blühend blomstren*d*e (20)
Blume blomst, en (23)
Blütezeit storhetstid, en/ei (20)
Boden bunn, en (21)
Boot båt, en (10); skip, et (11); *mit dem Schiff reisen* ta båt (10); *im selben ~ sitzen* være i samme båt (19)
böse sint (12)
Botschaft budskap, et (18)
Botschafter/in ambassadør, en (22)
brauchen trenge (-te) (3)
braun brun/brunt (5)
breit bre*d*/bredt(9)
brennen brenne (-te) (23)
Brief brev, et (3); *~kasten* postkasse, en/ei (23); *~marke* frimerke, et (3); *~tasche* lommebok, en/ei (15)
bringen bringe (brakte-brakt) (23)
Brot brø*d*, et (2); *~aufstrich* pålegg, et (3)
Brötchen run*d*stykke, et (2)
Bruder bror, en (brødre) (15)
Buch bok, en/ei (bøker) (6)
Bücher/markt bokmarked, et (21); *~regal* bokhylle, en/ei (14)
Büro kontor, et (14)
Bus buss, en (10); *mit dem ~ fahren* ta buss (10)
Butter smør, et (3)
Café kafé, en (4)
Cafeteria kafeteria, en (2)
Camping/platz campingplass, en (10); *~stuhl* campingstol, en (22)
CD CD, en (23)
Chance sjanse, en (19)
Chef sjef, en (22)
christlich kristen/kristent (18)
Computer datamaskin, en (22), PC, en (best. form PC-en) (22)
Couchtisch salongbor*d*, et (14)
Creme krem, en (2)
da drüben der borte (9)
dabei sein være med (var-vært) (7)
dabei sein, etw. zu tun hol*d*e på med å ... (holdt-holdt) (14)
Dach tak, et (14)
dagegen derimot (18), imot (16); *Ich habe nichts ~.* Jeg har ikke noe imot det. (16)
dahin dit (9)
Dame dame, en/ei (4)
damit for at (14), så (Konj.) (14)
danach deretter (9)
Däne/-in danske, en (4)
Dänemark Danmark (4)
dänisch, Dänisch dansk (4)
Dank takk, en/ei (–) (7); *vielen ~* tusen takk (3)
danke takk (2); *~ gleichfalls* selv takk (7), takk i like måte (7); *~n* takke (-et) (7)
dann da (5), så (Adv.) (7)
daran *Es ist etwas ~.* Det er noe i det. (23)
Darf ich ...? Kan jeg få ...? (4)
das de*t* (1); *~ heißt, d.h.* de*t* vil si = dvs. (22)
dass at (6)
Datei fil, en/ei (22), *eine ~ löschen* slette en fil (-et) (22), *eine ~ speichern* lagre en fil (-et) (22)
Daten data (Plur.) (22), *~ abrufen* hente ut data (-et) (22), *~ ausdrucken* printe ut data (-et) (22), skrive ut data (skrev-skrevet) (22), *~ eingeben* legge inn (data) (la-lagt) (22), *~ herunterladen* laste ned (data) (-et) (22)
Datenbank database, en (22)
Datenverarbeitung databehandling, en/ei (22)
dauern ta (tok-tatt) (2), vare (-te) (12); *Wie lange dauert ...?* Hvor lang tid tar ...? (10)
davon derav (23)
davor før det (10)
dazwischenkommen komme i veien (kom-kommet); *Es kam etwas dazwischen.* Det kom noe i veien. (16)
Deck dekk, et (11)
Decke tak, et (14)
Deckenlampe taklampe, en/ei (14)
definieren definere (-te) (23)
dein din/di/ditt/dine (13) (Poss.pron.)

denken tenke (-te) (7), *an etw/jdn. ~* tenke på noe(n) (7); *an etw. ~ (etw. nicht vergessen)* huske (-et) (15)
denn for (Konj.) (12)
Depression depresjon, en (12)
deprimiert deprimert (12)
der, die, das, dem ... den, det, de (Dem.Pron.) (9)
der, die, das, dem ... som (Relativ-Pron.) (8)
derselbe samme (10)
deshalb derfor (8)
deutsch, Deutsch tysk (1); *~land* Tyskland (1)
Deutsche/r tysker, en (4)
Dezember desember (10)
Dialekt dialekt, en (4)
dich deg (3) (Pers.pron.)
Dichter/-in dikter, en (6)
dick tjukk/tjukt (5)
die (Plur.) de (Dem.Pron.) (9)
Dienstag tirsdag, en (7)
dies dette (1); *~e (Plur.)* disse (7); *~er* denne (7)
Ding ting, en (-) (6)
dir deg (3) (Pers.pron.)
direkt rett (16)
Diskussion diskusjon, en (12)
doch da (18), jo (2)
Dom domkirke, en/ei (9)
Donner torden, et (21)
donnern tordne (-et) (21)
Donnerstag torsdag, en (7)
Doppel/bett dobbelseng, en/ei (11); *~zimmer* dobbeltrom, et (11), dobbeltværelse, et (11)
Dorsch torsk, en (18)
Kabeljau torsk, en (18)
dort der (1)
Dozent dosent, en, amanuensis, en (16)
Drama drama, et (7); *~tiker/-in* dramatiker, en (7)
draußen ute (13), utendørs (23)
Drecksack drittsekk, en (Schimpfwort) (18)
drehen trille (-et) (15)
drei tre (3)
dreißig tretti (4)
dreizehn tretten (3)
drinnen inne (14)
dritte tredje (10)
Drucker skriver, en (22), printer, en (22)
du du (1)
Dummkopf tosk, en (18)
dunkel mørk/mørkt (5)
dünn tynn/tynt (15)
durch gjennom (10)
Durchfall diaré, en (17)
durchfallen (beim Examen) stryke (strøk-strøket) (16)
Durchschnittsauflage gjennomsnittsopplag, et (8)
dürfen få (fikk-fått) (4), få lov (til) (18)
Durst haben være tørst (2)
durstig tørst (2)
Dusche dusj, en (11)
echt ekte (5)
Ecke hjørne, et (9); *um die ~* om hjørnet (11)
EDV EDB (elektronisk databehandling) (22)
effektiv effektiv/effektivt (12)
Ehe ekteskap, et; *~frau* kone, en/ei (13); *~mann* (ekte)mann (15); *~paar* ektepar, et (15); *~partner* ektefelle, en (13)
ehrlich ærlig (11); *um ~ zu sein* for å være ærlig (11), *~ gesagt* ærlig talt (11)
Ei egg, et (18)
Eifersucht sjalusi, en (7)
eifersüchtig sjalu (9)
eigen egen (eget-egne) (11)
eigentlich egentlig (6)
ein bisschen litt (1)
einander hverandre (4)
einchecken sjekke inn (-et) (10)
Eindruck inntrykk, et (20); *einen ~ von etw. bekommen* få (et) inntrykk av noe (fikk-fått) (20)
eine(r) en (22); *der/die/das Eine* den/det ene (11)
einfach enkel/enkelt (18)
eingebaut innebygd (14)
eingeben *Daten ~* legge inn (data) (lalagt) (22)
eingeschult werden begynne på skolen (-te) (9)
einig enig (12)
einige noen (3)
einigen *sich ~* bli enig (ble-blitt) (12)
einkaufen handle (-et) (5), kjøpe inn (-te) (3)
Einkaufsbummel handletur, en (5)

Einkaufszettel handlelapp, en (15)
einladen be (bad-bedt) (22)
Einladung innbydelse, en (18)
einloggen, *sich* ~ logge (seg) inn (-et) (22)
einrichten innrede (-et) (14), utstyre (-te) (14)
eins en, ett (3)
einsam ensom/ensomt (12)
Einsamkeit ensomhet, en/ei (12)
einschließen inkludere (-te) (11)
einstellen ansette (-satte -satt) (20)
Einstellung holdning, en (23), innstilling, en/ei (23)
Einwohner/-in innbygger, en (8) ~ *von Bergen* bergenser, en (14)
einzeln enkelt (21)
Einzelzimmer enkeltrom, et (11), enkeltværelse, et (11)
einziehen flytte inn (-et) (10)
einzig eneste (14), *das ~e* det eneste (14)
Eis is, en (6)
Eisenbahn jernbane, en (9)
Elch elg, en (1)
elektronisch elektronisk (22), *~e Datenverarbeitung* elektronisk databehandling (EDB) (22)
Elend elendighet, en/ei (18)
elf elleve (3)
elfte ellevte (10)
Eltern foreldre (Plur.) (8); *~teil* forelder, en (8)
E-Mail e-post, en (4), mail, en (4)
Ende ende, en (23), slutt, en (14); ~ *Mai* i slutten av mai (14); *Die Reise ist zu ~.* Reisa er slutt (17)
endlich endelig (4)
Energie energi, en (20)
eng trang/trangt (14)
England England (4)
Engländer/-in engelskmann, en (4) (-menn)
englisch, Englisch engelsk (1)
Enkelkind barnebarn, et (15)
enorm enorm/enormt (18)
entfalten *sich* ~ utfolde seg (-et) (20)
entfernen fjerne (-et) (15)
entgegen imot (16)
entlang langs (17)
entscheiden (sich) bestemme (seg) (-te) (5); *~d* avgjørende (22)
Entschuldige!/Entschuldigen Sie!/ Enschuldigung! Unnskyld! (2)
entschuldigen unnskylde (-te) (12)
entspannen *sich* ~ slappe av (-et) (10)
entsprechen svare til (-te) (9)
Entsprechung make, en (23)
entstehen oppstå (-stod -stått) (16)
entweder - oder enten - eller (12)
Entwicklung utvikling, en/ei (9)
Entzündung betennelse, en (19)
er han (1) (Pers.Pron. Personen); den (5) (Pers.Pron. Dinge/Tiere)
Erdboden jord, en/ei, bakke, en (23)
Erde jord, en/ei (22)
erfahren få høre (fikk-fått) (18)
Erfahrung erfaring, en/ei (22)
erforschen utforske (-et) (10)
erfrischen *sich* ~ kvikke seg opp (-et) (18)
erinnern *sich an etw.* ~ huske noe/n (-et) (15)
erkältet forkjølt (17)
erklären forklare (-te) (13)
Erlaubnis tillatelse, en; lov, en (18)
erleben oppleve (-de) (18)
Erlebnis opplevelse, en (12)
ernst alvorlig (7)
erreichen *jdn./etw.* ~ få tak i noe(n) (fikk-fått) (19)
erscheinen utkomme (-kom -kommet) (8)
erschöpft sliten (22), *ungeheuer* ~ dødssliten (22)
erst først, ikke før (10); ~ - *und dann* først - og så (10)
Erste, der/die/das første (9); *fürs* ~ med det første (23)
erstens for det første (14)
erstrecken *sich* ~ strekke seg (strakte -strakt) (19)
erwischen *jdn./etw.* ~ få tak i noe(n) (fikk-fått) (19)
erzählen fortelle (-talte, -talt) (9)
es det (Pers.-Pron.)
Essen mat, en (3)
essen spise (-te) (2)
Esstisch spisebord, et (14)
etnisch etnisk (23)
etwas noe (2); *so* ~ noe sånt (21)
euch dere (Pers.Pron.) (5)
euer deres (Poss.pron.) (13)
Europäer/-in europeer, en (12)
europäisch europeisk (8)

Examen eksamen, en (9); ~ *ablegen* gå opp til eksamen (gikk-gått) (16); ta eksamen (tok-tatt) (16); være oppe til eksamen (11); *sich fürs ~ anmelden* melde seg opp til eksamen (-te) (16); ~*sergebnis* eksamensresultat, et (19)
exotisch eksotisk (23)
expandierend ekspanderende (17)
Expedition ekspedisjon, en (17)
Fach fag, et (16)
Fahne flagg, et (22)
Fähre ferge, en/ei (10); *mit der ~ reisen* ta ferge (10)
fahren dra (drog-dradd/dratt) (12); kjøre (-te) (10); reise (-te) (10)
Fahren kjøring, en/ei (20)
Fahrer/-in sjåfør, en (11)
Fahrgast passasjer, en (17)
Fahrkarte billett, en (10); ~*nschalter* billettluke, en/ei (10)
Fahrrad sykkel, en (14); ~ *fahren* sykle (-et) (19); ~*fahren* sykling, en/ei (19)
Fahrt tur, en (6)
Fall fall, et; *auf alle Fälle* i alle fall (6); tilfelle, et (16); *für den ~, (dass)* i tilfelle (at) (16)
fallen falle (falt-falt) (23)
falls om (14); dersom (14); hvis (7)
falsch gal/galt (11); *Was ist verkehrt an ...?* Hva er galt med ...?/Er det noe galt med ...? (22)
Familie familie, en (10); ~*nstand* sivilstand, en (13); *zur selben Familie gehören wie jd.* være i familie med noen (15)
fangen fange (-et) (15)
fantastisch fantastisk (7)
Farbe farge, en (5), maling, en/ei (14)
farbenfroh fargeglad (23)
fast nesten (3)
faul lat; ~*e Haut* latside, en/ei (23), *auf der ~en Haut liegen* ligge på latsiden (23)
Faulpelz lathans, en (21)
Faxen machen gjøre seg til (gjorde-gjort) (15)
Februar februar (10)
Feder *aus den ~n kommen* stå opp (stod-stått), pelle seg (opp) (-te/et) (21)
fehlen feile (-te) (17); mangle (-et) (14); *Was fehlt dir/Ihnen?* Hva feiler det deg? (17)
Fehler feil, en (–) (16)
Feier fest, en (18)
feiern feire (-et) (18)
Feiern feiring, en/ei (18)
fein fin/fint (4)
Fensterbrett vinduskarm, en (6)
Ferien ferie, en (1); *im Urlaub sein* være på ferie (1)
Ferngespräch fjernsamtale, en (4)
fernsehen se på TV (så-sett) (16)
Fernseher TV, en (16)
Fernsehgerät TV-apparat, et (14)
fertig ferdig (20)
fest fast, uløselig (13)
Fest fest, en (18); ~*spiel* festspill, et (14)
Festnetztelefon fasttelefon, en (4)
Feuer ild, en (23); ~*wache* brannstasjon, en (15)
Fieber feber, en (17)
Figur figur, en (18)
Film film, en (7)
finden finne (fant-funnet) (2), synes (syntes) (7); *Ich finde, dass ...* Jeg synes at ... (7)
Finne finne, en (4)
finnisch, Finnisch finsk (4)
Finnland Finland (4)
Firma firma, et (4)
Fisch fisk, en (3), *in Lauge eingelegter ~* lutefisk, en (18); ~*industrie* fiskeindustri, en (20)
Fjord fjord, en (12)
flach flat/flatt; *ganz flach* langflat (6)
Fladengebäck (weich) lefse, en/ei (3)
Flasche flaske, en/ei (2)
Fleisch kjøtt, et (3)
Flexionsendung bøyningsendelse, en (8)
fliegen fly (fløy-fløyet) (10)
Flug flytur, en (10); ~*platz* flyplass, en (10); ~*zeug* fly, et (10); *mit dem ~ reisen* ta fly (10)
Flur gang, en (14)
Fluss elv, en/ei (19)
Folge *unangenehme ~* baksmell, en (23)
folgen følge (fulgte-fulgt) (15)
fördern fremme (-et), (9)
formell formell/formelt (2)
formal formell/formelt (2)
Formular skjema, et (13)
fort borte (9)
Fracht frakt, en/ei (17)
Frage spørsmål, et (8)

fragen spørre (spør-spurte-spurt) (3); *es fragt sich* det spørs (18); *~, ob ...* spørre om (7)
Frankreich Frankrike (1)
Franzose/Französin franskmann, en (4) (-menn)
französisch, Französisch fransk (1)
Frau dame, en/ei (4), kvinne, en/ei (8)
frech frekk/frekt (9)
frei ledig (1), fri/fritt (15); *~ haben* ha fri (15)
Freilichtmuseum friluftsmuseum, et (12); *das Freilichtmuseum Bygdøy* Folkemuseet (12)
Freitag fredag (7), *am ~* på fredag (7)
Freizeit fritid, en/ei (7)
fremd fremmed (12)
Fremdenführer/-in guide, en (9)
Freude glede, en/ei (12)
freuen *sich (auf etw.) ~* glede seg (til noe) (-et) (12)
Freund venn, en (3); *ein ~ von mir* en venn av meg (10); *~in* venninne, en/ei (4)
Freund(in) (im engeren Sinn) kjæreste, en (15)
freundlich bli*d*/blidt(15)
frieren fryse (frøs-frosset) (21); *sich zu Tode ~* fryse i hjel (21)
frisch frisk/friskt (14); *~ renoviert* nyoppusset (14)
froh gla*d* (12), *über etw. ~ sein* være glad for noe (21)
früh ti*d*lig (7); *morgen ~* i morgen tidlig (17)
früher før (8)
Frühjahr vår, en (6)
Frühstück frokost, en (8)
führen *zu etw. ~* føre til noe (-te) (8)
Führerschein førerkort, et (6)
Führung omvisning, en (9)
fünf fem (3)
fünfter femte (10)
fünfzehn femten (3)
fünfzig femti (4)
Funktion funksjon, en (17)
für for (Präp.) (2); *~ sich* for seg selv (15)
Fuß fot, en (føtter) (21); *~ball* fotball, en (19); *~ballspiel* fotballkamp, en (19); *zu ~* til fots (21)
Fußboden gulv, et (14)
füttern mate (-et) (15)
Gang gang, en (18)
ganz ganske (2), hel/helt (9)
Garage garasje, en (19)
Gardine gardin, en/ei/et (14)
Garten hage, en (13)
Gast gjest, en (14)
Gebäude bygning, en (9)
geben gi (ga*v*-gitt) (6); *es gibt* det finnes/fins (fantes) (7)
Gebiet område, et (14), strøk, et (14)
Gebirge fjell; *ins ~* til fjells (21)
geboren født (13)
Gebrauch bruk, en (2)
gebrauchen bruke (-te) (2)
Geburtstag fødselsdag, en (6); *50. ~* femtiårsdag, en (6)
Gedanke tanke, en (12)
Gefühl følelse, en (12)
gefühllos følelsesløs/følelsesløst (21)
gefurcht furet (22)
gegen mot (4); *~ sechs Uhr* ved sekstiden (7)
Gegensatz motsetning, en (18); *im ~ zu* i motsetning til (18)
Gegenstück make, en (23)
gegenüber overfor (18)
gehen gå (gikk-gått) (2)
gehorchen *jdm. aufs Wort ~, nach jds. Pfeife tanzen* stå på pinne for noen (stod-stått) (12)
Gelächter latter, en (12)
Gelände terreng, et (19)
gelb gul/gult (5)
Geld penger (Plural) (3)
Gelegenheit anledning, en (22)
gelten gjelde (gjaldt-gjeldt) (23)
geltend gjelden*de* (21) *sich ~ machen* gjøre seg gjeldende (21)
Gemälde maleri, et (12)
gemeinsam felles (22)
Gemüse grønnsaker (Plur.) (3)
gemütlich hyggelig (4), koselig (7); *Es war nett.* Det var hyggelig. Vi hadde det hyggelig. (7); *es nett haben, es sich ~ machen* hygge seg (-et) (7); kose seg (-te) (21);
Gemütlichkeit kos, en (21); *~ am offenen Kamin* peiskos (21); *~ auf der Hütte* hyttekos (21); *~ zu Hause* hjemmekos (21); *»Oster~«* påskekos (21)
genau akkurat (11); nøyaktig (23); *~ so gut* like godt (11)
genießen nyte (nøt-nytt) (22)

genug nok (3); ~ *sein* klare seg (-te) (18); *Es ist genug.* Det klarer seg. (18)
Gepäck bagasje, en (11)
gerade akkurat (11), nettopp (19); rett (16); ~*aus* rett frem (9); *nicht* ~ ikke akkurat (11),
Gericht rett, en (3)
gern gjerne (heller- helst) (1)
Gerücht rykte, et (21)
Geschäft butikk, en (5)
geschehen hen*d*e (-te) (13), skje (-dde) (23)
Geschenk gave, en/ei (6)
Geschichte historie, en/ei (10)
geschieden skilt (13)
Geschwindigkeit fart, en/ei (20); ~*skontrolle* fartskontroll, en (20)
Geschwister søsken, et (–) (15)
Gesellschaft samfunn, et (23)
Gesetz lov, en (18)
gesetzlich lovlig (20)
Gesicht ansikt, et (21)
Gespräch samtale, en (16)
gestern i går (7); ~ *Abend* i går kveld (7)
gesund frisk/friskt (14)
gewinnen vinne (vant-vunnet) (11)
gewiss viss/visst (16)
Gewitter tordenvær, et (21)
gewöhnen *sich an etw.* ~ venne seg til noe (-te) (13)
gießen vanne (-et) (23)
Gitarre gitar, en (21)
Glanzzeit storhetstid, en/ei (20)
Glas glass, et (2)
glatt glatt; *Es ging* ~. Det gikk greit. (19)
glauben tro (-dde) (3)
Gleichberechtigung likestilling, en/ei (8)
Gleis spor, et (10)
Gletscher isbre, en (17)
Glück lykke, en/ei (6), hell, et (13), »*Schwein*« flaks, en (3); *riesiges* ~ *haben* være kjempeheldig (14); *so ein* ~*!* snakk om flaks! (3), litt av et hell (13)
glücklicherweise heldi*g*vis (4)
Glückwunsch gratulasjon, en (6); ~*!* til lykke! (6); *herzlichen* ~ gratulerer med dagen (6)
Glühbirne lyspære, en/ei (14)
Gold gull, et (21)
golden gyllen/gyllent (12)
gotisch gotisk (19)
Grab grav, en/ei (19)
Grad grad, en (11)
grafisch grafisk (12)
grandios storslagen/storslagent (17)
gratulieren gratulere (-te) (6)
grau grå/grått (5)
Griff tak, et (19)
Grill grill, en (23)
Grippe influensa, en (17)
groß stor/stort (større- størst) (4); *im Großen und Ganzen* stort sett (11); ~*artig* alle tiders (17), storslagen/-t (17)
Großeltern besteforeldre (Plur.) (15)
Großmutter bestemor, en/ei (-mødre) (15), ~ *mütterlicherseits* mormor, en/ei (15), ~ *väterlicherseits* farmor, en/ei (15)
Großstadt storby, en (23)
Großvater bestefar, en (-fedre) (15); ~ *mütterlicherseits* morfar, en (15); ~ *väterlicherseits* farfar, en (15)
Grotte grotte, en/ei (9)
grün grønn/grønt (5)
Grund grunn, en (6); *im* ~*e* i grunnen (21); ~*gesetz* grunnlov, en (22); ~*lage* grunnlag, et (16), *auf der* ~*lage von* på grunnlag av (16); ~*schule* grunnskole, en (9)
gründen grunnlegge (-la -lagt) (14)
grunzen grynte (-et) (21)
Gruß hilsen, en (4)
gültig gyldig (13)
gut go*d*/godt (1,2), bra (2) (bedre-best); vel (17); *sehr* ~ veldig god, kjempego*d* (6)
Gute gode, et (18); *zuviel des* ~*n* for mye av det gode (18)
gutmütig bli*d*/blidt(15)
Gymnasium gymnas, et (9)
Haar hår, et (5), *sich in die* ~*e geraten* fly i tottene på hverandre (23)
haben ha (hadde-hatt) (1)
Hafenstadt sjøfartsby, en (14), havneby, en (20)
Hain lun*d*, en (9)
halb halv/halvt (7)
-halber for - skyld (6)
Halbpension halvpensjon, en (11)
Hälfte halvdel, en (19)
hallo hallo (2), morn (2), hei (1)
Hals hals, en (18)
halten (sich) hol*d*e (seg) (holdt-holdt) (17); *Was hältst du davon?* Hva synes du om det? (9); *Was hältst du von ...?* Hva sier du til å ...? (16)

Haltestelle holdeplass, en (11)
Haltung holdning, en (23)
Hand hånd, en/ei (hender) (21)
handeln *von etw.* ~ handle om noe (-et) (12)
Handels|stadt handelsby, en (14); *~zentrum* handelssentrum, et (-sentra) (14)
Handlung handling, en/ei (7)
Handschlag *mit ~ begrüßen* håndhilse (-te) (2)
Handtuch håndkle, et (-klær) (21)
Handy mobil, en (3), mobiltelefon, en (3)
Handynummer mobilnummer, et (-) (4)
hängen henge (intrans.: hang-hengt) (14)
hanseatisch hanseatisk (14)
Hansestadt hansaby, en (14)
hartgesotten tøff/tøft (17)
Hass hat, et (12)
hassen hate (-et) (12)
häufig ofte (3)
Hauptbahnhof sentralstasjon, en (9)
Hauptrolle hovedrolle, en/ei (9)
Hauptstadt hovedstad, en (8)
Haus hus, et (4), bolig, en (16); *~arbeit* husarbeid, et (13); *~aufgabe* lekse, en/ei (15); *~aufgaben machen* gjøre lekser (15); *~besitzer* huseier, en (14); *~meister/-in* vaktmester, en (14); *~tier* husdyr, et (13); *nach ~e* hjem (10); *zu ~e* hjemme (7)
Haut *faule ~* latside, en/ei (23), *auf der ~en Haut liegen* ligge på latsiden (23)
heftig heftig (12)
Heide hedning, en (21)
heilig hellig (19)
Heiligabend julaften (18)
Heim hjem, et (14); *nach Hause* hjem (10)
heiraten gifte seg (med noen) (-et) (15)
heißen hete (het-hett) (1)
helfen hjelpe (hjalp-hjulpet) (5)
hell lys/lyst (4)
herausfinden finne ut (fant-funnet) (11)
Herbst høst, en (6)
Herd komfyr, en (14)
herein inn (13)
herrühren; *von etw.* ~ skyldes (-tes) (18)
herum rundt (10)
herumfahren kjøre rundt (-te) (10)
herunterladen *Daten* ~ laste ned (data) (-et) (22)
hervor frem (22)
herzlich hjertelig (4)
heulen ule (-te) (21)
Heuschnupfen høysnue, en (17)
heute i dag (3); *~ Morgen* i morges (8)
Hexenschuss hekseskudd, et (19)
hier her (1); *hier irgendwo* her et sted (16)
hierher hit (14)
Hilfe hjelp, en/ei (5)
hinauf oppover (9)
hinaus ut (14)
hinausgehen gå ut (gikk-gått) (14)
hinein inn (13)
hineingehen gå inn (gikk-gått) (11)
hinfahren ta en tur (tok-tatt) (6)
hingehen ta en tur (tok-tatt) (6)
Hinsicht henseende (23); *in der ~* i så henseende (23)
hinten bak (22), *ganz ~* bakerst
hinter bak (9)
Hintergrund bakgrunn, en (22), *auf dem ~ von* på bakgrunn av (22)
hintun gjøre av (gjorde-gjort) (14); *Wo soll ich es ~?* Hvor skal jeg gjøre av det? (14)
hinunter ned (6)
hoch høy/høyt (4)
Hochschule høyskole, en (9)
Höchstgeschwindigkeit *zulässige ~* fartsgrense, en/ei (20)
Hochzeitstag bryllupsdag, en (6)
hoffen håpe (-et) (11)
Höflichkeitsform høflighetsform, en/ei (2)
Höhepunkt høydepunkt, et (22)
holen hente (-et) (15)
Hölle helvete, et (18)
Holmenkolltag, *2. Sonntag im März* Holmenkolldagen (21)
Holz (Material) tre, et (23); *Klopf auf ~!* Bank i bordet! (23)
Holzhaus trehus, et (9)
Homepage hjemmeside, en/ei (22)
Honig honning, en (3)
hören høre (-te) (9); *Man hört es an der Aussprache.* Man hører det på uttalen. (16); *zu ~ bekommen* få høre (fikk-fått) (18); *(Hast du) so was (schon gehört)!* (Har du) hørt på maken! (23)
Hörsaal forelesningssal, en (16)
Hörspiel hørespill, et (13)
Hose bukse, en/ei (5)
Hotel hotell, et (11)
hübsch pen/pent (17), vakker/vakkert (6)
Hügel bakke, en (23)

hundert, Hundert (et) hundre (4)
Hunger haben være sulten (2)
hungrig sulten/sultent (2)
Hurra hurra (22)
husten hoste (-et) (17)
Hütte hytte, en/ei (10), *auf die ~ fahren* dra på hyttetur (dro*g*-dradd/dratt) (19)
ich jeg (1)
Idee idé, en (ideer) (5)
idiomatisch idiomatisk (12)
Idiot idiot, en (18)
idyllisch idyllisk (20)
igitt *(Ausruf der Ablehnung)* æsj (12)
ihm ham/han (5) (Pers.pron. b. Personen), den (Dinge/Tiere)
ihn ham/han (5) (Pers.pron. b. Personen) den (Dinge/Tiere)
ihnen dem (Pers.Pron.Pl.) (5)
ihr dere (Pers.pron. 2.Pl., Subj./Obj.); henne (Pers.pron. 3.Sg. Obj.); hennes, sin/si/sitt/sine (Poss.pron. 3.Sg.); deres, sin/si/sitt/sine (Poss.pron. 3.Pl.)
immer allti*d* (4), bestandig (13), stadig (17)
imstande sein være i stan*d* til (22)
in i, på, til (1), om (*zeitlich*); *~ 8 Minuten* om 8 minutter (11)
inbegriffen *im Preis ~* inkludert i prisen (11)
Informationstechnologie data(teknologi), en (22), informasjonsteknologi, en (22)
innere indre (21)
insgesamt til sammen (23)
intelligent intelligent (17)
intensiv intensiv/intensivt (10)
interessant interessant (8)
international internasjonal/-t (14)
Internatschule internatskole, en (9)
Internet internett, et (22)
Internetseite nettside, en/ei (22)
Intonation intonasjon, en (16)
Inventar inventar, et (20)
Irrweg *auf ~en sein* være på vidvanke (23)
Isländer/-in islen*d*ing, en (21)
Italien Italia (1)
Italiener/in italiener, en (4)
italienisch, Italienisch italiensk (1)
ja ja (1); *~, bitte* ja takk (2); *~, doch (als Antwort auf eine negative Frage)* jo(da) (2)
Jacke jakke, en/ei (5)
Jahr år, et (4); *dieses ~* i år (22); *letztes ~* i fjor (17)
Jahrhundert århundre, et (9); *im 12. ~* i det 12. århundret, på 1100-tallet (19)
Januar januar (10)
je - desto jo - desto (14)
jede(r) hver (14)
jedenfalls i hvert fall (15); i alle fall (6)
jemand noen (3)
jetzt nå (3)
Job jobb, en (10)
jobben jobbe (-et) (10)
joggen jogge (-et) (19)
Joggen jogging, en/ei (19)
Jugend ungdom, en (8); *~herberge* vandrerhjem, et (11); *~liche(r)* ungdom, en (8)
Juli juli (10)
jung ung/ungt (yngre-yngst) (6)
Junge gutt, en (4)
Juni juni (10)
Jura jus, en (16)
Kabine lugar, en (17)
Kaffee kaffe, en (2); *~pause* kaffepause, en (20)
Käfig bur, et (11)
Kai brygge, en/ei (6), kai, en/ei (10)
kalt kal*d*/kaldt (5)
Kälte kulde, en/ei (21)
Kamin *offener ~* peis, en (21)
Kanarienvogel kanarifugl, en (11)
Kantine kantine, en/ei (16)
Kanzel prekestol, en (20)
Kapazität kapasitet, en (22)
Kartoffel potet, en (3)
Käse ost, en (3), *brauner ~ = Ziegen~* brunost, en (15)
Kasse kasse, en/ei (5)
Kassette kassett, en (13)
katastrophal katastrofal/katastrofalt (21)
Kathedrale katedral, en (19)
Katze katt, en/katte, ei (6)
kaufen kjøpe (-te) (2)
kein ingen (5)
Keks kjeks, en (–) (21)
Keller kjeller, en (14)
kennen kjenne (-te) (3); *~ lernen* bli kjent med (12)
kicken sparke (-et) (19)
Kilometer kilometer, en (–) (11)

Kind barn, et (best. Pl. barna) (8), unge, en (13); *~ergarten* barnehage, en (15); *~erlied* barnesang, en (6); *~erliteratur* barnelitteratur, en (13); *~erumzug* barnetog, et (22); *~heit* barndom, en (13)
kindisch barnslig (7)
Kino kino, en (7)
Kirche kirke, en/ei (9)
klagen klage (-de/et) (7)
klappen klaffe (-et) (17)
klar klar/klart (13), grei/greit (15); *Das ist in Ordnung.* Det er greit. (15); *sich über etw. im Klaren sein* være klar over noe (20)
Klasse klasse, en/ei (10); *letzte ~* avgangsklasse, en/ei (22)
Kleidung klær (Plur.) (19)
klein liten/lite/små (mindre-minst) (6); *~er* mindre (2)
klingeln ringe (-te) (19); *an der Tür ~* ringe på (13)
klingen høres (ut) (-tes) (18)
klopfen banke (-et) (23)
klug klok/klokt (23)
Knäckebrot, dünnes flatbrød, et (3)
Kneipe utested, et (16)
Knie kne, et (knær) (21)
knüpfen knytte (-et) (13), forbinde
Koch/Köchin kokk, en (11)
kochen koke (-te) (11), lage mat (-de/-et) (3)
Kochtopf kasserolle, en (21)
Koffer koffert, en (11), *den ~ aufgeben* sende kofferten som reisegods (-te) (10)
Kohl kål, en (21)
Koje køye, en/ei (17)
Kolahalbinsel, die Kolahalvøya (23)
Kollege/-in kollega, en (14)
kombinieren kombinere (-te) (12)
komfortabel komfortabel/komfortabelt (17)
kommen komme (kom -kommet) (1); *von etw. ~* skyldes (-tes) (18)
Kompliment kompliment, en (11)
Kompromiss kompromiss, et (20)
konfirmieren konfirmere (-te) (21)
Konfitüre syltetøy, et (3)
König konge, en (19); *~in* dronning, en/ei (22)
königlich kongelig (22); *die ~e Familie* kongefamilien (22)
konkurrieren *(um etw.) ~* konkurrere (om noe) (-te) (11)
können kunne (kan-kunne-kunnet) (1)
kontrollieren sjekke (-et) (15)
kontrovers kontroversiell/kontroversielt (12)
Kopf hode, et (17)
Kopfschmerzen hodepine, en/ei (17)
korrigieren korrigere (-te) (23)
kosten koste (-et) (3); *Was kostet ...?* Hva/hvor mye koster ...? (3); *Das macht 20 Kronen.* Det blir 20 kr. (5)
Krabbenbrot rekesmørbrød, et (2)
Krach machen bråke (-te) (22)
krank syk/sykt (17)
Krankenhaus sykehus, et (10); *ins ~ einliefern* legge inn på sykehus (17)
Krankenwagen sykebil, en (17)
Krankheit sykdom, en (12)
Krieg krig, en (22)
Kriminal|film kriminalfilm, en/krim, en (21); *~roman* kriminalroman, en/krim, en (21)
kriminell kriminell/kriminelt (8)
kritisieren kritisere (-te) (20)
Krone krone, en/ei (3)
krönen krone (-et/-te) (19)
Küche kjøkken, et (14)
Kuchen kake, en/ei (2)
Kuckkuck gjøk, en (11)
Kuh ku, en/ei (kyr) (21); *~stall* fjøs, en/et (10)
Kühlschrank kjøleskap, et (14)
Kultur kultur, en (10)
kulturell kulturell/kulturelt (18)
kümmern *sich um etw./jdn. ~* ta seg av noe(n) (tok-tatt) (15)
Kunde kunde, en (5)
Kunst kunst, en (6)
Künstler/-in kunstner, en (9)
Kurs kurs, et; *einen Norwegisch~ besuchen* gå på norskkurs (gikk-gått) (8); *einen Sprach~ besuchen* gå på språkkurs (10); *~teilnehmer/-in* kursdeltaker, en (9)
kurz kort (6)
Kurzgeschichte novelle, en/ei (21)
Kusine kusine, en/ei (15)
Küste kyst, en (17); *~ngebiet* kyststrøk, et (21)
Küster klokker, en (23)
Lachen latter, en (12)
lachen le (lo-ledd) (12)

Laden butikk, en (5)
Lage beliggenhet, en/ei (14)
Lamm-/Hammelfleisch fårekjøtt, et (21); *»Lamm-in-Kohl«, (Gericht)* fårikål, en (3)
Lampe lampe, en/ei (14)
Land lan*d*, et (8), *an ~ gehen* gå i/på land (17); *~esteil* lan*d*sdel, en (8); *~straße* lan*d*evei, en (21)
Landschaftsbild lan*d*skapsbilde, et (14)
lang lang/langt (lengre-lengst) (5); *drei Semester ~* i tre semester (8)
lange lenge (lenger-lengst) (8); *so ~* så lenge (13)
länger lengre (Adj.) (12)
langsam langsom/langsomt (9), sakte (20)
langweilig kjedelig (23)
Langzeitwetterbericht langtidsvarsel, et (21)
Laptop bærbar PC, en (22)
lassen la (lot-latt) (11)
Lauf løp, et (17); *im ~e von* i løpe*t* av (17)
laufen løpe (løp-løpt), springe (sprang-sprunget) (23)
Laune humør, et (6); *gute ~ bekommen* bli i godt humør (13)
launisch lunefull/lunefullt (17)
Laus lus, en/ei (–) (21)
laut høy/høyt (4)
Laut lyd, en (16)
leben leve (-de) (13), *von etw. ~* leve av noe (23)
Leben liv, et (6); *~sgefährte/-in* samboer, en (13)
lebhaft livlig (17)
legal lovlig (20)
legen legge (la-lagt) (17)
Lehrer/-in lærer, en (1)
leicht lett (4); *~bewölkt* lettskyet (21)
Leichtathletik friidrett, en (19)
leiden lide (led-lidt) (8)
leider dessverre (5)
leihen låne (-te) (3)
Leiter leder, en (22)
lernen lære (-te) (1)
Leseliste pensumliste, en/ei (16)
lesen lese (-te) (4)
Lesung opplesning, en (13)
Letzte der/die/das siste (10), *das letzte Mal, als ..., zuletzt* sist (7)
Leute folk, et (18)
lieb snill/snilt (2), kjær/kjært (14); *~ zu jdm. sein* være snill mot noen (10); *etw./jdn. lieb haben* være glad i noe(n) (12)
Liebe kjærli*g*het, en/ei (7)
lieben elske (-et) (5)
lieber heller (5)
liegen ligge (lå-ligget) (6); *~ bleiben* bli liggende (ble-blitt) (15); *~d* liggen*d*e (15)
Limonade brus, en (2)
Linie linje, en/ei (9)
links venstre (9); *~ (von)* til venstre (for) (9)
Liter liter, en (–) (21)
Lohn lønn, en/ei (8)
Loipe løype, en/ei (19)
Lokalbevölkerung lokalbefolkning, en (17)
Lokalpresse lokalpresse, en/ei (8)
los avgår*d*e (15); *~fahren* dra avgår*d*e (15); *~ müssen* måtte av går*d*e (15)
löschen *eine Datei ~* slette en fil (-et) (22)
Luft luft, en/ei (21); *in die ~ steigen* stige til værs (21)
Lunch lunsj, en (8); formiddagsmat, en (8); *~paket* matpakke, en/ei (8)
Lungenentzündung lungebetennelse, en (17)
Lust lyst, en/ei (10); *~ haben, etw. zu tun* ha lyst til å gjøre noe (10)
lustig morsom/morsomt (11), artig (13); *sich über jdn. ~ machen* gjøre narr av noen (gjorde-gjort) (17)
Lyrik lyrikk, en (21)
machen gjøre (gjør-gjor*d*e-gjort) (1), lage (-de/-et) (3); *mach's/macht's gut* ha det bra, ha det godt (2)
Mädchen jente, en/ei (4)
Magen mage, en (17)
Mahlzeit måltid, et (7)
Mai mai (10)
Mal gang, en (6), *das letzte ~, als ..., zuletzt* sist (7); *Es war einmal ...* Det var en gang ... (11)
Malaria malaria, en (19)
malen male (-te) (6)
Maler/-in maler, en (12)
Malerei malerkunst, en (12)
man man (1)
manchmal av og til (15)
Mann mann, en (menn) (8)
Märchenbuch eventyrbok, en/ei (13)

märchenhaft eventyrlig (18)
Markt(platz) torg, et (9)
Märtyrerkönig martyrkonge, en (19)
März mars (10)
mäßigen *sich* ~ moderere seg (-te) (16)
Maus mus, en/ei (–) (13)
Maut bompenger (Plur.) (20)
Medizin medisin, en (16)
Mehl mel, et (21)
mehr mer (1), flere (8); *die meisten* de fleste (8)
mehrere flere (17)
Mehrheit flertall, et (22)
Mehrzahl flertall, et (22)
Meile ***(norw. Meile, 10 km)*** mil, en/ei (–) (21)
mein min/mi/mitt/mine (13) (Poss.pron.)
meinen mene (-te) (5), synes (syntes) (7); *Was meinst du dazu?* Hva synes du om det? (9)
meinerseits *ich* ~ jeg for min del (19)
meinetwegen gjerne for meg (12)
Meinung mening, en/ei (23)
meistens for det meste (23); som oftest (13)
Meisterschaft mesterskap, et (19)
Mensch menneske, et (12)
menschlich menneskelig (12)
merken merke (-et) (18)
merkwürdig underlig (15)
Meteorologe/-in meteorolog, en (21)
Meter meter, en (–) (21)
mich meg (2) (Pers.pron.)
Miet|e husleie, en/ei (14); *~er* leieboer, en (14); *~vertrag* leiekontrakt, en (14)
mieten leie (-de) (10)
Milch melk, en (3)
Militärparade militærparade, en (22)
Million million, en (8)
mindestens minst (15)
Mineralwasser mineralvann, et; *(norw. Marke)* Farris, en (2)
Minorität minoritet, en (23)
Minute minutt, et (3)
mir meg (2) (Pers.pron.)
Mischung sammenblan*d*ing, en/ei (10)
miserabel elendig (16)
mit me*d* (2)
mitbringen ta me*d* (tok-tatt) (15)
Mitglied medlem, et (18)
mitkommen være med (7), bli med (ble-blitt) (19)
Mitleid medlidenhet, en/ei (12)
mitnehmen ta me*d* (tok-tatt) (15)
Mittag(essen) middag, en (8)
Mitte midt (6), ~ *August* i midten av august (16)
Mittelalter middelalder, en (19)
mittellos sein være på bar bakke (23)
Mittelweg middelvei, en (12), *der goldene* ~ den gylne middelvei (12)
mitten midt (6); ~ *in* midt i (6) ~ *auf/in* midt på (14), ~ *ins Schwarze, gerade richtig* midt i blinken (6)
Mitternachtssonne midnattssol, en/ei (17)
Mittsommer (23.6.) Sankthans (23)
Mittwoch onsdag, en (7)
mobben mobbe (-et) (20)
möbliert møblert (13), *~es, gemietetes Zimmer* hybel, en (14)
modern moderne (10)
mögen like (-te) (2); *etw. gern tun* like å gjøre noe (3)
möglich mulig (4)
Möglichkeit muli*g*het, en/ei (21)
Monarchie monarki, et (22)
Monat måne*d*, en (10)
Monopoly Monopol
Montag mandag, en (7)
morgen i morgen (10); ~ *früh* i morgen tidlig (17)
Morgen mor*g*en, en (2); *~stunde* mor*g*en-stun*d*, en (21)
morgens, am Morgen om morgenen (15)
Motor motor, en (20)
Möwengeschrei måkeskrik, et (20)
Mückenstich myggstikk, et (11)
müde trøtt (7), *tod~* dødssliten (22)
Multebeercreme multekrem, en (3)
Mund munn, en (21)
mündlich muntlig (4)
Mündung munning, en (19)
munter munter/muntert (18)
Museum museum, et (-eer/-eene) (12)
müssen måtte (må-måtte-måttet) (2)
Muster mønster, et (-) (5)
Mutter mor, en/ei (mødre) (5)
Muttersprache morsmål, et (23)
Mystik mystikk, en (5)
nach til (1), etter (6)
Nachbar/-in nabo, en (4)
nachdem etter at (12)
nachher etterpå (7)

Nachmittag ettermiddag, en (15); *~skaffee* ettermiddagskaffe, en (8)
Nachname etternavn, et (13)
Nachrichtensprecher/-in nyhetsoppleser, en (16)
nachschauen se etter (så-sett) (5)
nächste(r) nærmeste (9); neste (10), *~n Sommer* neste sommer, til sommeren (20)
Nächstenliebe nestekjærlighet, en/ei (18)
Nacht natt, en/ei (netter) (2); *~ruhe* nattero, en/ei (23)
Nachtisch dessert, en (3); *(norw. Spezialität)* trollkrem, en (5)
nackt naken/nakent (14), bar/bart (23)
nahe nær/nært (nærmere-nærmest) (12); *~ daran sein, zu ...* holde på å ... (holdt-holdt) (21)
Nähe nærhet, en/ei (3); *in der ~ (von)* i nærheten (av) (3)
Name navn, et (5)
nämlich nemlig (22)
Narr narr, en (18)
Nase nese, en/ei, (5)
National|feiertag nasjonaldag, en (22); *~hymne* nasjonalsang, en (22); *~theater, das* Nasjonalteatret (7); *norwegische ~tracht* bunad, en (22)
nationalistisch nasjonalistisk (22)
Nationalität nasjonalitet, en (13)
Natur natur, en (5); *~erlebnis* naturopplevelse, en (12)
natürlich selvsagt (3), selvfølgelig (14)
neben ved siden av (9)
nehmen ta (tok-tatt) (2)
nein nei (1), *~, danke* nei takk (2)
nennen nevne (-te) (13), kalle (-te) (17)
Nest reir, et (11)
nett hyggelig (4); *wie ~* så hyggelig (6); *Es war ~.* Det var hyggelig./Vi hadde det hyggelig. (7); *sehr ~* kjempehyggelig (22)
neu ny/nytt (5)
neugierig auf nysgjerrig etter (23)
Neujahrsabend nyttår, et (18)
neun ni (3)
neunte niende (10)
neunzehn nitten (3)
neunzig nitti (4)
neutral nøytral/nøytralt (16)
nicht ikke (2); *noch ~* ennå ikke/ikke ennå (2); *~ schlecht* ikke så verst (2), *~ wahr* ikke sant (3), *~ vor, erst* ikke før (10), *~ gerade* ikke akkurat (11); *~ zuletzt* ikke minst (13)
nichts ingenting (16)
nie aldri (6)
Niederschlag nedbør, en (21); *~sfreies Wetter* oppholdsvær, et (21)
niedrig lav/lavt (14)
niemand ingen (5)
noch ennå *~ nicht* ennå ikke/ikke ennå (2); enda (11); *~ dazu* enda til (21); til (13); *~ ein Haustier* et husdyr til (13)
Nomade/-in nomade, en (23)
nordisch nordisk; *die nordischen Länder* Norden (9);
Nordlicht nordlys, et (18)
Nordsee, die Nordsjøen (20)
nordwärts nordover (9)
normal normal/normalt (16); *~erweise* vanligvis (4)
Norwegen Norge (1)
Norweger, der typische ~ Ola Nordmann (18)
Norweger/-in nordmann, en (-menn) (4)
norwegisch, Norwegisch norsk (1); *~kurs* norskkurs, et (8); *~lehrer/-in* norsklærer, en (2)
norwegisieren fornorske (-et) (16)
Norwegisierung fornorskning, en (23)
Note (in der Schule) karakter, en (16)
nötig nødvendig (5)
November november (10)
null null (3)
Nummer nummer, et (-) (3)
nun vel (22)
nur bare (1)
ob om (Konj.)
oben oppe (9); *ganz ~* øverst (22)
Oberarzt/-ärztin overlege, en (19)
obligatorisch obligatorisk (9)
Obst frukt, en (3)
obwohl selv om (14), til tross for at (14)
oder eller (2)
offen åpen/åpent (11); *~kundig* åpenbar/åpenbart (17)
offiziell offisiell, offisielt (16)
öffnen åpne (-et) (13)
oft ofte (3)
ohne uten (4)
Ohr øre, et (17)
okay OK (3), greit; *Das ist klar/in Ordnung.* Det er greit. (15)

Oktober oktober (10)
Öl olje, en/ei (20); *~- und Energieministerium* Olje-og energidepartementet (20)
Onkel onkel, en (14)
Operation operasjon, en (17); *~spraxis* operasjonspraksis, en (19)
ordentlich skikkelig (19)
Ordnung orden, en (13); *in ~* i orden (13)
Öre øre, en/et (-) (21)
Ort sted, et (steder) (7)
Ostern påske, en/ei (19); *»Ostergemütlichkeit«* påskekos, en (21)
Österreich Østerrike (4)
Österreicher/-in østerriker, en (4)
österreichisch, Östereichisch østerriksk (4)
Paar, paar par, et (12)
Park park, en (4)
parken parkere (-te) (20)
Park|gebühr parkeringsavgift, en/ei (20); *~haus* parkeringshus, et (20); *~platz* parkeringsplass, en (20); *~uhr* parkometer, et (20); *~verbot* parkeringsforbud, et (20)
Parlament; *das norw. Parlament* Stortinget (7)
Party selskap, et (22)
Pass pass, et (13)
Passagier passasjer, en (17)
passen passe (-et) (8); *Es passt gut.* Det passer godt/fint. (8)
passieren hende (-te) (13)
Pastor prest, en (23)
patriotisch patriotisk (22)
Patrizierhaus patrisierhus, et (20)
Pause pause, en (9)
Pensum pensum, et (16)
Person person, en (15)
Personalunion personalunion, en (22)
persönlich personlig (9)
Pfeffer pepper, en (21)
pfeifen *auf etw. ~* gi blaffen i noe (gav-gitt) (23)
pfui fy (18)
Philologie filologi, en (16)
Pilger/-in pilgrim, en (19)
Pille pille, en/ei (15)
Pionier/-in pioner, en (13)
Plan plan, en (10)
planen planlegge (-la -lagt) (13)
Plastik plastikk, en (5)
Platz plass, en (9)
plötzlich plutselig (19)
Polarnacht mørketid, en/ei (18)
Politik politikk, en (23)
Polizei politi, et (20); *~wache* politistasjon, en (9)
pornografisch pornografisk (14)
positiv positiv/positivt (18)
Post- und Passagierschifflinie an der norw. Küste Hurtigruta (10)
Post post, en (4)
Postamt postkontor, et (3)
Postkarte kort, et (3)
prachtvoll praktfull/praktfullt (14)
praktisch praktisk (9)
praktizieren praktisere (-te) (19)
präparieren preparere (-te) (21)
Praxis praksis, en (19)
Preis pris, en (11)
preiswert billig (4)
Priester prest, en (23)
pro pr./per (8)
Problem problem, et (4)
problematisch problematisk (18)
Professor/-in professor, en (11)
Prospekt brosjyre, en (11)
Provokation provokasjon, en (8)
provozieren provosere (-te) (8)
prügeln *sich ~* slåss (sloss-slåss) (18)
Publikum publikum, et (22)
Pulli genser, en (-e) (5)
Puritaner/-in puritaner, en (18)
Quatsch machen tulle (-et) (7)
Quatsch tull, et (14), tøv, et (14), sludder, et (18)
rächen *sich ~* hevne seg (-et) (10), straffe seg (-et) (17)
Radio radio, en (13)
Ramsch skrot, et (18)
raten gjette (-et) (16); *Rate mal!* Prøv og gjett! (16)
rechnen regne (-et) (6); *mit etw. ~* regne med noe (23)
Rechnung regning, en/ei (23)
Recht rett, en (8), rettighet, en/ei (23); *~ (auf etw.) haben* ha rett (til noe) (8, 9); *zu Recht* med rette
rechts høyre (9); *~ (von)* til høyre (for) (9)
Rede *nicht der ~ wert* ikke noe å snakke om (11)

reden snakke (-et) (1); *von/über etw. ~* snakke om noe (-et) (8)
Regel regel, en (15); *in der ~* som regel (15)
Regen regn, et (21); *~schauer* regnbyge, en/ei (21); *~schirm* paraply, en (14)
regnen regne (-et) (6)
reiben gni (gne*d*/gnidde-gnidd) (21)
reich rik/rikt (16)
reichen klare seg (-te) (18); *Es reicht.* Det klarer seg. (18)
Reihe *Ich bin an der ~.* Det er min tur. (16)
Reise reise, en/ei; *~büro* reisebyrå, et (10); *~führer für Oslo* Oslo-guide, en (12); *~gepäck* reisegods, et (10); *~leiter/-in* reiseleder, en (17)
reisen reise (-te) (10)
Rekord rekord, en (19), *einen ~ brechen* slå en rekord (slo-slått) (19)
religiös religiøs/religiøst (21)
renovieren renovere (-te) (14), pusse opp (-et) (14)
Rentier reinsdyr, et (5); *~haltung* reindrift, en/ei (23)
Restaurant restaurant, en (7), utested, et (16); *~, wo man draußen sitzt* uterestaurant, en (6)
retour retur (17)
Rettungsmannschaft redningsmannskap, et (21)
Rezept (vom Arzt) resept, en (17); *~ (zum Kochen)* oppskrift, en/ei (21)
richtig riktig (9), skikkelig (19)
riechen lukte (-et) (15)
Rippchen vom Lamm pinnekjøtt, et (18)
Rippenstück vom Schwein ribbe, en/ei (18)
Rolle rolle, en/ei (5), *Das spielt keine ~.* Det spiller ingen rolle. (5)
rollen trille (-et) (15)
romanisch romansk (19)
Rose rose, en/ei (23)
rot rø*d*/rødt(5)
Rotwein rø*d*vin, en (21)
Rücken rygg, en (17)
Rucksack ryggsekk, en (11)
Rückschlag baksmell, en (23)
rückwärts fahren rygge (-et) (20)
Ruhe ro, en/ei (11); *Nur mit der ~!* Ta det med ro! (11)
ruhig rolig (14)
rund run*d*/rundt(15)
Sache ting, en (-) (6); sak, en/ei (23)
Sack sekk, en (23)
Saganacht saganatt, en/ei (22)
sagen si (sier-sa-sagt) (2); *~ wir ...?* Skal vi si ...? (16); *Was sagst du zu ...?* Hva sier du til å ...?
Sahnetorte bløtkake, en/ei (2)
Salat salat, en (3)
Salz salt, et (21); *~teig* trolldei*g*, en (5)
Same same, en (23)
sammeln samle (-et) (13)
Sammlung samling, en/ei (12)
Samstag lørdag, en (7)
satt mett; *etw. ~ haben* være lei av noe (20)
Satz setning, en/ei (4)
sauer sur/surt (7)
Sauerrahmbrei rømmegrøt, en (3)
schade *wie ~* så synd (19)
schaden skade (-et) (23)
Schaden skade, en (23)
schaffen rekke (rakk-rukket) *(zeitlich)* (8); klare (-te) (16), skape (-te) (16)
Schal skjerf, et (5)
Schande skam, en/ei (18); *zu ~n machen* gjøre til skamme (gjorde-gjort) (18)
schauen se (så-sett) *schau mal, schau her* se her (5)
Scheibe Brot brø*d*skive, en/ei (15)
scheiden *sich ~ lassen* skilles (-tes) (18)
scheinen skinne (-te) (6); synes (syntes) (7); *~, als ob ...* synes som om ... (18)
Scheiße faen *(Schimpfwort)* (18)
Scheißgerede drittprat, en (18)
scheuen sky (-dde) (23)
schichtweise lagvis (21)
schicken sen*d*e (-te) (3)
Schiff båt, en (10); skip, et (11); *mit dem ~ reisen* ta båt (10)
Schimpfen kjefting, en/ei (20)
Schinkenbrot skinkesmørbrø*d*, et (2)
Schlaf søvn, en (21); *~zimmer* soverom, et (14)
schlafen sove (sov-sovet) (11)
Schlag slag, et (22); *~ auf ~* slag i slag (22)
schlagen slå (slo-slått) (18), *sich ~* slåss (sloss-slåss) (18)
Schlagsahne krem, en (2)
Schlagzeile overskrift, en/ei (23)
Schlange slange, en (15); *~ (beim Warten)* kø, en (22)

Schlauch slange, en (15)
schlecht dårlig (2) vond/vondt (12) (verre-verst); *nicht ~* ikke så verst (2); kvalm (17)
schleppen slepe (-te) (11)
schließen stenge (-te) (11)
schlimm ille (verre-verst) (11); *das Schlimmste, was ich mir vorstellen kann* det verste jeg vet (12)
Schlittschuh skøyte, en/ei (19); *~ laufen* gå på skøyter (19)
Schloss slott, et (9)
Schluss slutt, en (14)
Schlüssel nøkkel, en (14)
Schmerz smerte, en (17); *~en haben/ bekommen* ha/få vondt (17)
schmerzhaft vond/vondt (12) (verre/ vondere-verst/vondest)
Schmusetier kosedyr, et (13)
Schnee snø, en (6); *»Seidenschnee«* silkeføre, et (21); *~bedeckt* snøkledt (7); *~regen* sludd, et (21): *~schauer* snøbyge, en/ei (21); *~sicher* snøsikker (19); *~sturm* snøstorm, en (11)
Schneeverhältnisse fürs Skilaufen skiføre, et (21)
schneiden skjære (skar-skåret) (21)
schneien snø (-dde) (6)
schnell fort (16)
Schnupfen snue, en (17)
schnurren male (-te) (6)
schon allerede (7); forsåvidt (10)
schön fin/fint (4), flott (5); *sehr ~* veldig fin, kjempefin (22)
Schönheit skjønnhet, en/ei (6)
Schrank skap, et (14)
schrecklich forferdelig (15)
schreiben skrive (skrev-skrevet) (3)
Schreibtischlampe skrivebor*d*slampe, en/ei (14)
schriftlich skriftlig (4)
Schriftsprache skriftspråk, et (16)
Schriftsteller/-in forfatter, en (7)
Schuh sko, en (–) (19)
Schuld skyl*d*, en/ei (6)
Schule skole, en (9); *die ersten 7 Schuljahre* barneskole, en (9); *8.-10. Schuljahr* ungdomsskole, en (9)
Schulsystem skolesystem, et (9)
schützen verne om (-et) (23)
schwach svak/svakt (16)
schwächlich pyset (17)
Schwager svoger, en (15); *Schwägerin* svigerinne, en/ei (15)
Schwanz hale, en (5)
schwarz svart (5); *»Schwarze«* blink, en (6), *mitten ins Schwarze* midt i blinken (6)
Schwede/-in svenske, en (4)
Schweden Sverige (4)
schwedisch, Schwedisch svensk (4)
Schweiz *die ~* Sveits (1)
Schweizer/-in sveitser, en (4)
schweizerisch, Schweizerisch sveitsisk (1)
schwer tung/tungt (tyngre-tyngst) (11)
Schwester søster, en/ei (søstre) (15)
Schwieger|mutter svigermor, en/ei (-mødre) (15); *~sohn* svigersønn, en (15); *~tochter* svigerdatter, en/ei (-døtre) (15); *~vater* svigerfar, en (-fedre) (15)
schwierig vanskelig (4)
schwimmen svømme (-te) (19)
Schwimmen svømming, en/ei (19)
sechs seks (3)
sechste sjette (10)
sechzehn seksten (3)
sechzig seksti (4)
See sjø, en (21); *zur ~* til sjøs (21)
Seele sjel, en/ei (12); *zwei ~n, ein Gedanke* to sjeler og en tanke (12)
Segelschiff seilbåt, en (20); *~zeit* seilskutetid, en/ei (20)
segnen signe (-et) (19)
sehen se (så-sett) (5); *~swert* severdig (12)
Sehenswürdigkeit severdi*g*het, en/ei (14)
sehr veldig (5), svært (8); *~ bekannt* godt kjent (7); *~ (schrecklich)* innmari (22); *~* kjempe- (verstärkende Vorsilbe); *~ gut* kjempego*d* (6); *~ nett* kjempehyggelig (22); *~ schön* kjempefin (22);
sein hans (Poss.pron. 3.Sg.)
sein sin/si/sitt/sine (Poss.pron. 3.Sg.)
sein dens, dets (Poss.pron. 3.Sg.)
sein være (er-var-vært) (1), *bin, bist, ist ...* er (1)
seit siden (Präp.) (17)
seitdem siden (Konj.) (12)
Seite side, en/ei (9), *auf der anderen ~ (von)* på den andre siden (av) (9), *auf der rechten/linken ~* på høyre/venstre side (9)

selbst selv (15)
Selbstbedienung selvbetjening, en/ei (20)
selbstverständlich selvsagt (3), selvfølgelig (14)
Selbstverwirklichung selvrealisering, en/ei (8)
selten sjelden (15)
Semester semester, et (–) (8); *drei ~ lang* i tre semester (8)
Seminar seminar, et (16)
senden sende (-te) (3)
senken senke (-et) (22)
September september (10)
Sessel lenestol, en (14)
setzen sette (satte-satt) (11)
seufzen sukke (-et) (20)
sich seg (Reflexivpron.) (5)
sicher sikker/sikkert (5)
Sicherheit sikkerhet, en/ei (15)
sicherheitshalber for sikkerhets skyld (15)
sichern sikre (-et) (23)
sie hun (Sg. Personen, Subj.) henne (Sg. Personen, Obj.) den (Sg., Dinge/Tiere, Subj./Obj.) de (Pl. Subj.) dem (Pl. Obj.)
Sie De/Dem
sieben sju (3)
siebte sjuende (10)
siebzehn sytten (3)
siebzig sytti (4)
Silvester nyttår, et (18)
singen synge (sang-sunget) (6)
sinken synke (sank-sunket) (21)
Sitte skikk, en (2); *~n und Gebräuche* skikk og bruk (2)
Situation situasjon, en (8)
sitzen sitte (satt-sittet) (1)
Sitzung møte, et (16)
Skandinavier/-in skandinav, en (11)
skandinavisch skandinavisk (4)
Ski ski, en/ei (–) (19); *~ fahren, ~ laufen* gå på ski (19)
Skilanglauf langrenn, et (19)
Skisprungschanze hoppbakke, en (19)
Skulptur skulptur, en (12)
Slalom fahren kjøre/stå slalåm (-te/stod-stått) (19)
Slalom slalåm, en (19); *~ski* slalåmski, en/ei (–) (19)
so så (2); slik (16); *~ einigermaßen* sånn passe (2); *~ genannt* såkalt (22); *~ lange* så lenge (13); *~ wie* slik som (14); *~ dass* slik at (14), så at (14); *~, solch* sånn/sånt (2); *~ etwas* noe sånt (21); *~ viel ich weiß* så vidt jeg vet (11); *~ - wie* så - som (7)
Sockel sokkel, en (9)
Sofa sofa, en (14)
sofort med det samme (10)
sogar til og med (16)
Sohn sønn, en (13)
solide solid (22)
sollen skulle (skal-skulle-skullet) (6); *sollte(n) (Konjunktiv)* burde (bør-burde-burdet) (15)
Sommer sommer, en (6); *im ~* om sommeren (17); *nächsten ~* til sommeren (20); *~paradies* sommerparadis, et (20)
Sonne sol, en/ei (6)
Sonntag søndag, en (7)
sonst ellers (11)
sorgen *für etw.* ~ sørge for noe (-et) (15)
Sorte slags, en/et (3), sort, en (18)
Souvenir suvenir, en (5)
souverän suveren (11)
soviel ich weiß så vidt jeg vet (11), visst (16)
sowieso allikevel (20)
sowohl - als auch både - og (10)
Sozialwissenschaften samfunnsfag, et (16)
spannend spennende (11)
Spaß moro, en/ei (18), *Es macht ~.* Det er moro. (18); *~ haben* ha det moro (18)
spät sen/sent (7), *besser ~ als nie* bedre sent enn aldri (12), *bis ~ abends* til sent på kveld (7)
Spaten spade, en (23)
später senere (2), siden (Adv.) (20)
Spaziergang tur, en (6)
spazierhengehen gå en tur (14)
speichern *eine Datei ~* lagre en fil (-et) (22)
spendieren spandere (-te) (6)
Spezialität spesialitet, en (3)
Spiegel speil, et (16)
Spiel lek, en (22)
spielen spille (-te) (5), utspille seg (-te) (7), leke (-te) (15)
Spielkamerad/-in lekekamerat, en (13)
Spitzbergen *Inselgruppe nördlich des norw. Festlands* Svalbard (23)

Sport idrett, en (19), sport, en (19); *~ler* idrettsmann, en (19); *~lerin* idrettskvinne, en/ei (19)
sportlich sportslig (16)
Sprach|e språk, et (4); *gesprochene ~* talemål, et (16); *~familie* språkfamilie, en (4); *~kurs* språkkurs, et (1); *im ~kurs* på språkkurs (1)
Sprache, norwegische ~ bokmål, et (16), nynorsk, en (16)
Sprachrohr organ, et (23)
sprechen snakke (-et) (1)
springen hoppe (-et) (19)
Spritze sprøyte, en/ei (17)
Spülmaschine oppvaskmaskin, en (14)
Spur spor, et (10)
spüren kjenne (-te) (3)
Staat stat, en (9)
Stäbchen pinne, en (12)
Stabkirche stavkirke, en/ei (12)
Stadt by, en (4)
Standard standard, en (11)
ständig stadig (17)
stark sterk/sterkt (8)
Statistik statistikk, en (21)
stattfinden finne sted (fant-funnet) (14)
stehen stå (sto*d*-stått) (2); *~bleiben* bli stående (ble-blitt) (22)
stehend ståen*de* (22)
steigen stige (steg-steget) (21)
steil bratt (14)
Stein stein, en (5)
steinig steinet (12)
Stelle sted, et (steder) (7); jobb, en (10)
stellen legge (la-lagt) (17); sette (satte-satt) (11)
Stellung stilling, en/ei (8)
sterben dø (døde-dødd) (12)
Steuer(rad) ratt, et (20)
Stil stil, en (19)
still stille (14); *pst! (~ sein!)* hysj! (1)
Stimme stemme, en (11)
stimmen stemme (-te) (15)
Stimmrecht stemmerett, en (23)
Stockwerk etasje, en (14)
strahlend strålen*de* (20)
Strand strand, en/ei (strender) (21)
Straße gate, en/ei, (3); *~ncafé* uterestaurant, en (6)
Strecke strekning, en (17)
strecken *sich ~* strekke seg (strakte -strakt) (19)
Streit (mit Worten) krangel, en (20)
streiten (mit Worten) krangle (-et) (7); *sich in die Haare geraten* fly i tottene på hverandre (fløy-fløyet) (23)
Strich strek, en (23); *ein ~ durch die Rechnung* en strek i regningen (23)
Strickjacke *norwegische ~* kofte, en/ei (5)
Stubenhocker/-in stuegris, en (21)
Stück stykke, et (3)
Student/-in student, en (1); *~ensiedlung* studentby, en (16); *~enwerk* Studentsamskipnaden (16); *~enwohnung* studentbolig, en (16)
Studiendarlehen studielån, et (15)
studieren studere (-te) (1)
Studierendenausweis studiekort, et (15)
Studium studium, et (studier) (16)
Stunde time, en (6); *~nplan* timeplan, en (15)
stur sta (14)
Sturm storm, en (17)
suchen lete etter (-te) (16)
Suchmaschine søkemotor, en (22)
Südküste Norwegens Sørlan*d*skysten (20)
südlich sørlig (20)
Südostnorwegen Østlan*det* (10)
südwärts sørover (10)
Südwestnorwegen Sørvestlan*det* (20)
Sünde syn*d*, en/ei (19)
super super/supert (10); alle tiders (17)
Supermarkt supermarked, et (5)
Suppe suppe, en/ei (3)
surfen, *im Internet ~* surfe [´sørfə] på nettet (-et) (22)
Surfen surfing, en/ei (22)
süß søt/søtt (13)
Symbol symbol, et (22)
synonym synonym/synonymt (12)
System system, et (9)
Tablette pille, en/ei (15); tablett, en (17)
Tag dag, en (1); *~ und Nacht, 24 Stunden* døgn, et (17)
täglich daglig (17)
tanken fylle (-te) bensin (20)
Tankstelle bensinstasjon, en (20)
Tante tante, en/ei (14)
Tanz dans, en (23)
tanzen danse (-et) (23)
Tasche veske, en/ei (11)
Tasse kopp, en (2)

Tatsache faktum, et (fakta) (20)
tatsächlich faktisk (5)
taufen døpe (-te) (21)
tausend, Tausend tusen, et (–) (3)
Taxi drosje, en/ei (11), taxi, en (13)
Teddybär teddybjørn, en, bamse, en (15)
Tee te, en (2)
Teil del, en (7)
teilnehmen *an etw.* ~ delta i noe (-tok -tatt) (19)
Teilnehmer/-in deltaker, en (9)
Telefon telefon, en (3); *mit jdm. am ~ sprechen* snakke med noen i telefonen (-et) (4); *~gespräch* telefonsamtale, en (4); *~nummer* telefonnummer, et (4)
Temperatur temperatur, en (11)
Tennis tennis, en (19); *~spiel* tennismatch, en (19)
Terrain terreng, et (19)
Terrasse terrasse, en (23)
teuer dyr/dyrt (4)
Text tekst, en/ei (6)
Theater teater, et (-) (7)
Thema tema, et (12)
theoretisch teoretisk (8)
Tier dyr, et (10)
Tisch bor*d*, et (2)
Tochter datter, en/ei (døtre) (13)
Tod død, en (12); *sich zu ~e frieren* fryse i hjel (21)
Toilette toalett, et (11)
toll flott (5), tøff/tøft (17)
tot dø*d*/dødt (15)
total total/totalt (23)
Tour tur, en (6)
Tourenski turski, en/ei (–) (19)
Tourist/-in turist, en (14); *~enattraktion* turistattraksjon, en (12); *~information* turistinformasjon, en (11)
Tradition tradisjon, en (9)
traditionell tradisjonell/tradisjonelt (18)
tragbar bærbar (22)
Traum drøm, en (17)
traurig trist (15)
treffen møte (møtte-møtt) (12), treffe (traff-truffet) (16); *sich ~* treffes, møtes (16)
treiben drive (drev-drevet) (19)
Treppe trapp, en/ei (20)
treten sparke (-et) (19)
trinken drikke (drakk-drukket) (2)
trist trist (15)
Troll troll, et (5)
tröpfeln dryppe (-et) (23)
tropfen dryppe (-et) (23)
trotz tross (12); *~ allem* tross alt (12)
trotzdem likevel (7)
tschüss ha de*t* (2), morna (2)
tüchtig flink/flinkt (9)
tun gjøre (gjør-gjor*d*e-gjort) (1)
typisch typisk (5)
übel kvalm/kvalmt (17); *Mir wird ~.* Jeg blir kvalm. (17)
über over (4), om (8)
übereinstimmen *mit jdm. in einer Sache ~* være enig med noen i noe (12)
übergeben *sich ~* kaste opp (-et) (17)
überhaupt i det hele tatt (20)
Überholen forbikjøring, en/ei (20)
überlassen *jdm. etw. ~* overlate noe til noen (-lot -latt) (20)
überlegen *sich es anders ~* ombestemme seg (-te) (10)
übermorgen i overmor*g*en (13)
übernachten overnatte (-et) (23)
übernehmen overta (-tok -tatt) (17)
überraschend overraskende (22)
Überschrift overskrift, en/ei (23)
übersetzen oversette (-satte -satt) (13)
übersichtlich oversiktlig (20)
übertrieben overdreven/overdrevent (18)
überzeugen overbevise (-te) (21)
üblich vanlig (3); *wie ~* som vanlig (7)
U-Boot un*d*ervannsbåt, en (11)
übrigens forresten (3)
Übung øvelse, en (11)
Uhr klokke, en/ei (7)
um - herum ve*d* (7)
um om (*örtlich*) (11); *(zeitlich) ~ acht Uhr* klokka åtte
um zu for å (11)
umgekehrt omvendt (21)
Umleitung omkjøring, en/ei (20)
umsonst gratis (10)
umziehen flytte (-et) (14)
Umzug tog, et (22); *an einem ~ teilnehmen* å gå i tog (22)
unangenehme Folge baksmell, en (23)
unbedingt absolutt (12)
unbestritten ubestridt (14)
und o*g* (1)
undenkbar utenkelig (22)
unendlich uendelig (17)

unformell uformell/uformelt (16)
ungefähr omkring (13), omtrent (18)
ungefährlich ufarlig (19)
ungerecht urettferdig (20)
ungewiss usikker/usikkert; *ganz im Ungewissen sein* være i det blå (23)
ungewöhnlich uvanlig (8)
unglaublich utrolig (7)
Union union, en (16)
Unionsauflösung unionsoppløsning, en (16)
Universität universitet, et (9)
unkompliziert ukomplisert, grei/greit (15)
unmittelbar bevorstehen være på trappene (23)
unmöglich umulig (9)
unnötig unødvendig (18)
uns oss (5) (Pers.pron.)
Unschuld uskyld, en/ei; *seine Hände in ~ waschen* toe sine hender (-et) (23)
unser vår/vårt/våre (13) (Poss.pron.)
unsicher usikker/usikkert (23)
Unsinn tull, et (14), tøv, et (14), sludder, et (18)
unten nede (14)
unter under (14)
Unterricht undervisning, en/ei (12)
unterrichten undervise (-te) (23)
Unterschied forskjell, en (18)
unterschiedlich forskjellig (9)
untersuchen undersøke (-te) (17)
unterwegs underveis (20); *~ sein* å være på vei (16)
unüblich uvanlig (8)
unverheiratet ugift (13)
unvernünftig ufornuftig (21)
unzufrieden misfornøyd (20)
Urbevölkerung urbefolkning, en (23)
Urlaub ferie, en (1); *im ~ sein* være på ferie (1)
urnorwegisch urnorsk (10)
Ursache årsak, en/ei (7)
Variante variant, en (10)
variieren variere (-te) (11)
Vater far, en (fedre) (13)
verabscheuen avsky (-dde) (12)
veranlassen, jdn. dazu bringen, etw. zu tun få en til å gjøre noe (fikk-fått) (23)
veranstalten arrangere (-te) (18)
verantwortlich forsvarlig (20)
verbergen skjule (-te) (6)
verbinden knytte (-et) (13), forbinde (-bandt -bundet)
Verbindung forbindelse, en (20); *in ~ mit* i forbindelse med (20)
verboten forbudt (20)
verbringen tilbringe (-brakte -brakt) (7)
verdammt jævla/jævlig (Schimpfwort) (18)
Verein forening, en/ei (18)
vererben testamentere (-te) (12)
verflucht faen *(Fluchwort)* (18)
Verfügung disposisjon, en (17); *etw. zur ~ haben* ha noe til disposisjon (17)
vergessen glemme (-te) (11)
Vergleich sammenligning, en/ei (9)
Vergnügen fornøyelse, en; *kein reines ~* ingen dans på roser (23)
Verhältnis forhold, et (12); *im ~ zu* i forhold til (18)
verheiratet gift (13); *mit jdm. ~ sein* være gift med noen (15)
Verkauf salg, et (5); *zum ~* til salgs (21)
verkaufen selge (solgte-solgt) (9)
Verkäufer ekspeditør, en (5)
Verkehr trafikk, en (17); *~smittel* transportmiddel, et (17); *~sregel* trafikkregel, en (20)
verkehren traffikere (-te) (17)
verkehrt gal/galt (11); *Was ist ~ an ...?* Hva er galt med ...?/Er det noe galt med ...? (22)
verknüpfen knytte (-et) (13), forbinde (-bandt -bundet)
verlängern forlenge (-et) (19)
verlassen *sich auf etw./jdn. ~* stole på noe(n) (-te) (21)
verlieben *sich in jdn. ~* forelske seg i noen (-et) (23)
verliebt forelsket (17)
verlieren miste (-et) (20)
vermachen testamentere (-te) (12)
vermieten leie ut (-de) (14)
Vermittler/-in formidler, en (13)
vermutlich vel (7), nok (21)
verreist bortreist (23)
versammeln samle (-et) (13)
verschreiben *etw. ~* skrive ut en resept (skrev-skrevet) (17)
verschwenden sløse (-te) (18)
verspotten *jdn. ~* gjøre narr av noen (gjorde-gjort) (17)

versprechen love (-de/-et) (20)
verständigen *sich mit jdm. ~ können* være på talefot med noen (23)
verstecken gjemme (-te) (14)
verstehen forstå (-stod -stått) (4); skjønne (-te) (17)
versuchen prøve (-de) (5)
Vertrag kontrakt, en (14)
vertragen tåle (-te) (18)
vertreten vikariere (-te) (16)
verwandt *mit jdm. ~ sein* være i slekt med noen (15)
Verwandte(r) slektning, en (15)
Verwandtschaft slekt, en/ei (15)
verwerflich forkastelig (18)
verwirrend forvirrende (16)
Vetter fetter, en (15)
viel mye (mer-mest) (2); *sehr ~* masse (22); *~ Platz* god plass (14)
viel zu altfor (7)
viele mange (flere-flest) (3)
vielleicht kanskje (5)
vier fire (3)
viertel kvart (7)
vierter fjerde (10)
vierzehn fjorten (3)
vierzig førti (4)
Vogel fugl, en (11)
Volk folk, et (18)
Volksglaube folketro, en (5)
voll (von) full/fullt (av) (5)
vollenden fullføre (-te) (19)
Vollpension helpensjon, en (11)
von av (3), fra (1), om (8); *~ außen* utenfra (11); *~ dort* derfra (12); *~ hier* herfra (16); ,*~ selbst* av seg selv (15); *~ zu Hause* hjemmefra (15); *~ - an* fra - av (9); *von Anfang an* fra begynnelsen av (20)
vor allem først og fremst (10)
vor før (+ Zeitpunkt) (7); *~ 10 Uhr* før kl. 10 (7); *~ (+ Zeitdauer)* for - siden (7); *~ 5 Jahren* for 5 år siden (7); fremfor (17); *(örtlich)* foran (9)
voraus *im ~* i forveien (22)
vorbeischauen komme innom (kom-kommet) (2)
vorbereiten forberede (-te) (18)
vorgestern i forgårs (6)
Vorhang gardin, en/ei/et (14)
vorher før (8); *~ und nachher* før og etter (10)
Vorige, der/die/das forrige (9)
vorkommen forekomme (-kom -kommet) (2)
Vorlesen opplesning, en (13)
vorlesen lese høyt (-te) (4)
Vorlesung forelesning, en (16); *~sverzeichnis* forelesningskatalog, en (16)
Vormittag formiddag, en (12)
Vorname fornavn, et (2)
vorne fremme (20); *ganz ~* fremst (22)
Vorsatz forsett, et (10)
Vorschlag forslag, et (12)
vorschlagen foreslå (-slo -slått) (12)
Vorspeise forrett, en (3)
vorstellen *sich ~* tenke seg (-te) (7)
Vorteil fordel, en (16)
Vorwahlnummer retningsnummer, et (4)
vorwärts fremover (8)
vorziehen *jdn. einem anderen ~* foretrekke noen fremfor en annen (-trakk -trukket) (17)
während mens (Konj.) (12); under (Präp.) (14)
wahr sann/sant (3); *nicht ~* ikke sant (3)
Wahrheit sannhet, en/ei (18)
wahrnehmen merke (-et) (18)
wahrscheinlich antakelig (11)
Wald skog, en (22)
Wand vegg, en (14)
Wanderung tur, en (6)
wann når (7)
Warenhaus varehus, et (5)
warm varm/varmt (5)
Wärme varme, en (6)
warnen *vor etw. ~* advare mot noe (-te) (21)
warten vente (-et) (3); *auf jdn./etw. ~* vente på noe(n) (8)
Warten venting, en/ei (22)
warum hvorfor (2)
was hva (1); *~ für, welche Art (von)* hva slags (3)
waschen vaske (-et) (19)
Wasser vann, et (15)
wechseln skifte (-et) (21); *~d bewölkt* skiftende skydekke (21)
wecken vekke (-te/et) (15)
Wecken vekking, en/ei (22)
weder - noch verken - eller (12)
weg borte (9)
Weg vei, en (3)
-wegen for - skyld (6)

wehleidig pyset (17)
weiblich kvinnelig (20)
weich bløt/bløtt (15)
Weihnacht|en jul, en/ei (16); *~stag* juledag, en (18); *1. ~stag* 1. (første) juledag (18); *Zeit zwischen ~en und Neujahr* romjul, en/ei (18); *~sbaum* juletre, et (-trær) (18); *~essen* julemat, en, *vorweihnachtliches Festessen* julebor*d*, et (18); *am »julebord« teilnehmen* være på julebord (18); *~sferien* juleferie, en (17); *~sgeschenk* julegave, en/ei (18); *~skarte* julekort, et (18); *~smann* julenisse, en (10); *~splätzchen* julekake, en/ei (18); *~sschmuck* julepynt, en (18); *~sstimmung* julestemning, en (18)
weil fordi (3), ettersom (14), da (14), siden (20)
Weile stun*d*, en/ei (10)
weinen gråte (gråt-grått) (12)
Weise måte, en (18); *in irgendeiner ~* på en eller annen måte (18)
weiß hvit/hvitt (5); *~ gestrichen* hvitmalt (20)
weit lang/langt (lengre/lenger-lengst) (8), vidt (11)
weiter videre (20); *~führend* videregåen*d*e (9)
welche(r) hvilken (7)
Wellensittich undulat, en (13)
Welt verden, en (12); *~meister/-in* verdensmester, en (18)
wenig lite (mindre-minst); *~e* få (færrefærrest) (12); *~stens* i det minste (12)
wenn dersom (14); hvis (7); når (6)
wer hvem (1)
werden bli (ble-blitt) (5); skulle (skalskulle-skullet) (9); ville (vil-ville-villet) (10); komme til å (kom-kommet) (10)
Werk verk, et (12)
Werkstatt verksted, et (20)
Werktag hverdag, en (15)
Westnorwegen Vestlan*d*et (10)
Wettbewerb konkurranse, en (11)
wetteifern *um etw. ~* konkurrere om noe (-te) (11)
Wetter vær, et (4), *vom ~ abgehärtet* værbitt (22)
Wetterbericht værmel*d*ing, en/ei (21)
Wichtel nisse, en (10)
wichtig viktig (5)
wie hvordan (2); *~ geht's?* Hvordan går det?, Hvordan står det til?, Hvordan har du det ? (2); hvor (vor einem Adj./Adv.) (3); *~ lange* hvor lenge (8); *~ lange dauert ...?* Hvor lang tid tar ...? (10); *~ viel* hvor mye (3); *~ viele* hvor mange (3); *~ weit* hvor langt (8); som (4); *so ~* slik som (14); *~ üblich* som vanlig (7); så (Adv.) (6)
wieder igjen (7)
Wiedersehen *auf ~* adjø (2)
wiegen veie (-de) (7)
wieso? hvordan det? (7)
Wikingerschiff vikingskip, et (5)
willkommen (in) velkommen (til) (1)
Wind vin*d*, en (21)
winken vinke (-et) (22)
Winter vinter, en (6)
wir vi (1) (Pers.pron.)
wirklich faktisk (5); virkelig (9), sannelig (14)
Wirtschaft næringsliv, et (8)
wissen vite (vet-visste-visst) (2); *von/über etw. ~* vite om noe (4); *nicht dass ich wüsste* ikke som jeg vet (21)
Witwe enke, en/ei (13); *~r* enkemann, en (13)
Witz vits, en (11)
wo hvor (1), der (9)
Woche uke, en/ei (7); *~nende* helg, en/ei (16)
wohl vel (17); *~ bekomm's* vel bekomme (3); nok (21)
wohlfühlen *sich ~* trives (-des) (17)
wohnen bo (-dde) (3)
Wohngemeinschaft bofellesskap, et (14)
Wohnung bolig, en (16); leili*g*het, en/ei (14); *~sanzeige* boli*g*annonse, en (14); *~smarkt* boli*g*marked, et (14)
Wohnzimmer stue, en/ei (14)
Wolke sky, en/ei (23)
wollen ville (vil-ville-villet) (1)
Wort or*d*, et (5); *~stellung* or*d*stilling, en/ei (8)
wunderschön nydelig (6)
wünschen ønske (-et) (16)
Würstchen pølse, en/ei (3)
Wurst pølse, en/ei (3)
Wurzel rot, en/ei (røtter) (5)
Wut sinne, et (12)
wütend rasen*d*e (20); sint (12)

Zahl tall, et (19)
zahlen betale (-te) (5)
Zahn tann, en/ei (tenner) (17); *~arzt* tannlege, en (17); *~medizin* tannmedisin, en (16); *~schmerzen* tannpine, en/ei (17)
Zeh tå, en/ei (tær) (21)
zehn ti (3)
zehnte tiende (10)
zeigen (mit der Hand) peke (-te) (9); *(sich) ~* vise (seg) (-te) (5)
Zeit tid, en/ei (2), *an der ~* på tide (22); *viel ~ haben* ha god tid (8); *wenig ~ haben* ha dårlig tid (8); *zur ~* for tiden (21)
Zeitung avis, en/ei (8)
zentral sentral/sentralt (12)
Zentralisierung sentralisering, en/ei (8)
Zentrum sentrum, et (sentra) (9); *im ~* i sentrum (9)
zeugen *von etw. ~* vitne (om) (-et) (20)
Ziegenkäse geitost, en (2)
ziehen dra (drog-dradd/dratt) (12), trekke (trakk-trukket) (23)
Ziel mål, et (16)
ziemlich ganske (2), nokså (16); *~ viel(e)* en god del (16)
Zimmer rom, et (4)
Zinn tinn, et (5)
zitieren sitere (-te) (6)
zu å (vor Infinitiv) (1); for (Adv.) (5); til (Präp.) (1)
zubereiten lage (-de/-et) (3)
zuerst først (10)
Zufall tilfelle, et (16)
zufrieden fornøyd (8)
Zug tog, et (10); *mit dem ~ reisen* å ta tog (10)
zugehören høre til (-te) (4)
zugrunde gehen gå til grunne (gå-gikk) (6)
Zuhause hjem, et (14); *von ~* hjemmefra (15)
zulässig tillatelig (20)
zuletzt *nicht ~* ikke minst (13)
zumindest i det minste (12)
zurechtfinden *sich ~* finne seg til rette (fant-funnet) (16)
zurück tilbake (5), retur (17)
zurückführen *auf etw. zurückzuführen sein* skyldes (-tes) (18)
zusammen sammen (3); *alle ~* alle sammen (1)
zusammentun *sich ~* slå seg sammen (slo-slått) (10)
Zusatz tillegg, et (8)
zusätzlich til (13); *~ zu* i tillegg til (8)
zuvor før (6)
zuvorderst fremst (22)
zwanzig tjue (3)
zwei to (3)
zweite andre (10)
Zweifel tvil, en (-) (21)
Zweig linje, en/ei (9)
zweitens for det andre (14)
zwischen mellom (8)
zwölf tolv (3)
zwölfte tolvte (10)